聞きたいことがスラスラわかる
経理の本

陣川　公平著

セルバ出版

なんでも聞いてみてください

　『経理』というと、頭から「難しい、わからん」とそっぽを向く人がいます。「自分には関係ない。知らんでもいい」と割り切る人もいます。しかし、どんな部門であろうと、少なくとも会社組織のなかで仕事をしている人たちにとって、『経理』がまったく無縁ですむということはありません。

　客先訪問で汗を流しているセールスマンも、新商品開発に知恵を絞っている研究員も、その仕事はどこかで会社全体の活動を締めくくっている『経理』と結びついているのです。

　確かに、経理には、外の部門からみてわかりにくいところがあるかもしれません。例えば、経理でよく使う用語「借方・貸方」などは、簿記を勉強した人でないと、その読み方すらわからないということになりそうです。貸倒引当金とか、減価償却といっても、何となくわかっているようで、正確には理解できていないように思う人も多いでしょう。

　それでは、一つここらで、毛嫌いしていた経理のほうに顔を向けてみてはどうでしょうか。人事も、総務も、工場の人も、自分の日常の仕事のなかで、いくらかでも経理に関わりがありそうだなと思われることがあれば、いますぐそのことを経理にぶつけてみるのです。物事を他に聞いてみるというのはなかなか大事なことです。

　遠慮なしに、思いついたことをポンと聞いてみるだけで、随分トクになることもあります。「借方・貸方」（かりかた・かしかた。本文31頁）というのも、聞いてみれば「なんだそんなこと」とすぐわかります。わかったうえで、この用語は経理以外にも応用できます。

　この本は、そういう会社の経理や、法務や、税金について、一寸したことを、何でも聞いてみようという方たちのご質問に、できるだけわかりやすくお応えしようという目的で書かれたものです。

　また、ここ数年、グローバル化とＩＴ革命のお陰で、企業会計や商法にも新しい時代の波を反映した改正が取り込まれています。そうした最新項目も、できるだけ多く質問に取り込むようにしました。

　本書が縁になって、皆さんが経理を少しでも好きになっていただけると、大変うれしいと思います。

2002年7月

　　　　　　　　　　　　　　　　　　　　　京都洛西にて　陣川　公平

聞きたいことがスラスラわかる経理の本　目　次

1　経理部門の経理に関する疑問Q＆A
Q 1　会社の利益はどう分配されるの……………………………10
Q 2　赤字なら税金を返してもらえるの…………………………13
Q 3　株式の上場のメリットは……………………………………15
Q 4　商法ってなにがきめてあるの………………………………17
Q 5　毎年作る決算書って役に立っているの……………………19
Q 6　貸借対照表でなにがわかるの………………………………22
Q 7　損益計算書でなにがわかるの………………………………25
Q 8　決算書の(注)ってなにを表すの……………………………27
Q 9　キャッシュフローってなに…………………………………29
Q10　借方、貸方ってどういう意味………………………………31
Q11　財務内容を知るには新聞報道が早いの……………………33
Q12　会社が株を持っているのはなぜ……………………………35
Q13　黒字倒産ってどういうこと…………………………………37
Q14　社債ってどういうもの………………………………………40
Q15　火災損失の経理の扱いは……………………………………42
Q16　会社も税金を払っているの…………………………………44
Q17　法人税のほかにも税金がかかるの…………………………46
Q18　脱税と節税の違い・脱税のペナルティは…………………48
Q19　利子と配当の違いは…………………………………………50
Q20　借金の実効金利ってどういう意味…………………………52
Q21　含み益ってどういうこと……………………………………53
Q22　連結決算・納税を導入するとどうなるの…………………55

2　企画部門の経理に関する疑問Q＆A
Q23　設備投資の限度はどうきめるの……………………………58
Q24　赤字と黒字の分かれ目は……………………………………60

Q25　機械化と人手とではどちらがトク……………………63
　　Q26　ＲＯＥってなに………………………………………65
　　Q27　基本的な経営指標ってなに………………………67
　　Q28　商売には自己資金と借金のどちらがいいの………69
　　Q29　準備資金の蓄えはどのくらいがいいの……………71
　　Q30　事業部制・カンパニー制ってどういうこと………73
　　Q31　独算制のメリットは…………………………………75
　　Q32　親子会社の関係・メリットは………………………77
　　Q33　社内金利の賦課・負担はどうするの………………79
　　Q34　本社費の振替えは必要なの…………………………81
　　Q35　ペイオフに対処するには……………………………83
　　Q36　国際会計基準で変わるのはなに……………………85

③　監査部門の経理に関する疑問Q＆A
　　Q37　会計のプロがみているのに倒産するのはなぜ……88
　　Q38　監査役の役割ってなに………………………………90
　　Q39　どうして粉飾決算が生じるの………………………92
　　Q40　税務調査と社内監査の違いは………………………94
　　Q41　社外監査役の役目は…………………………………96
　　Q42　監査日程はどのくらいが適当なの…………………98
　　Q43　社内監査室の仕事は…………………………………100

④　法務部門の経理に関する疑問Q＆A
　　Q44　会社名の前後についている(有)ってなに…………102
　　Q45　決算書の準備・日程はどうなっているの…………104
　　Q46　株主総会できめることは……………………………106
　　Q47　配当性向ってなに……………………………………108
　　Q48　株式分割をすると株主が喜ぶのはなぜ……………110
　　Q49　資本金を増やすにはどんな方法があるの…………112
　　Q50　取締役の仕事・執行役員との違いは………………114

- Q51　金庫株ってどういうこと …………………………………… 116
- Q52　株主代表訴訟ってなに ……………………………………… 118

5　工場部門の経理に関する疑問Q＆A
- Q53　棚卸ってどういうこと ……………………………………… 120
- Q54　償却はなんのためにするの ………………………………… 122
- Q55　定率法と定額法のプラス・マイナスは …………………… 124
- Q56　有税償却ってどういうこと ………………………………… 126
- Q57　土地が減価償却できないのはなぜ ………………………… 127
- Q58　仕入計上基準のきめ方は …………………………………… 128
- Q59　支払方法（支払手形）の期日短縮の影響は ……………… 130
- Q60　直接原価計算はどんなときに役立つの …………………… 132
- Q61　売上原価・売上総利益ってどういうこと ………………… 134
- Q62　棚卸不足分の処理は ………………………………………… 136

6　人事部門の経理に関する疑問Q＆A
- Q63　ストックオプション制度ってどういうもの ……………… 138
- Q64　源泉税ってなに・どう計算するの ………………………… 140
- Q65　退職金の計算と注意点は …………………………………… 142
- Q66　厚生費と交際費の分かれ目は ……………………………… 144
- Q67　退職金や賞与のための引当はいるの ……………………… 145
- Q68　海外出張費の処理は ………………………………………… 147
- Q69　確定申告って誰がするの …………………………………… 148
- Q70　現物給与って税金がかかるの ……………………………… 150
- Q71　相続税・贈与税の仕組みは ………………………………… 152
- Q72　年金はどう変わるの ………………………………………… 154

7　営業部門の経理に関する疑問Q＆A
- Q73　在庫回転はどのくらいがよいの …………………………… 156
- Q74　債権回転はいくらがよいの ………………………………… 158

- Q75　機密費ってどう処理するの……………………………………159
- Q76　売上計上基準はいつがよいの…………………………………160
- Q77　残高確認、売掛金不一致はどう処理するの………………162
- Q78　危ない取引先の貸倒れに備えるには…………………………164
- Q79　受取手形のジャンプにはどう対応するの……………………166
- Q80　手形の取立て・割引ってどういうこと………………………167
- Q81　広告宣伝費として処理できるのは……………………………169
- Q82　株式持合いに応じるときの留意点は…………………………171
- Q83　小切手は現金と同じに扱ってよいの…………………………173
- Q84　売れ残り在庫の処理の什方は…………………………………175
- Q85　要求されたリベートの処理は…………………………………177

8　研究部門の経理に関する疑問Q&A
- Q86　研究費とはどの範囲を指すのだろう…………………………180
- Q87　出願・特許を取ると経理的にはどうなるの………………182
- Q88　のれん分けってどういうこと…………………………………184
- Q89　特許権の報酬・職務発明の金一封の扱いは………………186
- Q90　研究費の税務上の特別措置は…………………………………187
- Q91　研究の計画と実績評価の正しいやり方は…………………189

9　秘書部門の経理に関する疑問Q&A
- Q92　社長の給料って誰がどうやってきめるの……………………192
- Q93　社長にも賞与は出るの…………………………………………194
- Q94　退任する役員にも退職金は出せるの…………………………196
- Q95　寄付金ってどういうもの………………………………………198
- Q96　代表取締役はどうやってきめるの……………………………199
- Q97　同族会社ってなにかまずいことがあるの…………………200
- Q98　株主総会の開催はいつが適切なの……………………………202
- Q99　株主総会は短いほうがいいの…………………………………204
- Q100　社長はどうやってきまるの……………………………………205

10　総務部門の経理に関する疑問Q＆A

　　Q101　株主とは会社にとってなんだろう……………………………208
　　Q102　会社登記ってどういうこと……………………………………210
　　Q103　株主総会はどこで開くの………………………………………211
　　Q104　会社の名前(商号)って勝手につけてよいの…………………213
　　Q105　現金出納過不足の処理は………………………………………214
　　Q106　リースと自前購入はどちらが有利……………………………216
　　Q107　修繕費と資本的支出の意味・その処理は……………………218
　　Q108　経費の前払い・未払いの処理は………………………………220
　　Q109　印紙税の消印がないと無効なの………………………………222
　　Q110　簿記はもう無用の長物なの……………………………………223

みちくさ

　　①　ハンバーガーが食えなかった話……………………………………18
　　②　トップはケチであるか………………………………………………32
　　③　タンス預金の奨め……………………………………………………39
　　④　一芸では足りない……………………………………………………66
　　⑤　誰が納めた税金………………………………………………………86
　　⑥　ものの値段　その１…………………………………………………89
　　⑦　１万歩と大福１個……………………………………………………91
　　⑧　マイカーならきれいになる…………………………………………111
　　⑨　サムライ(士)の数……………………………………………………135
　　⑩　あなたの会社はどこに？……………………………………………165
　　⑪　古書を買う……………………………………………………………174
　　⑫　孤高もよしとする……………………………………………………176
　　⑬　店を広げない京都商法………………………………………………178
　　⑭　ものの値段　その２…………………………………………………183
　　⑮　たくさん売れたら高くなる…………………………………………185
　　⑯　引当金を立てよう……………………………………………………188
　　⑰　債務保証はしない……………………………………………………197
　　⑱　一生に読める本の数…………………………………………………206
　　⑲　株主総会は変わった…………………………………………………212
　　⑳　経理は芸術である……………………………………………………215
　　㉑　コーヒー１杯の原価…………………………………………………217

① 経理部門の経理に関する疑問Q＆A

- Q 1 　会社の利益はどう分配されるの
- Q 2 　赤字なら税金は返してもらえるの
- Q 3 　株式の上場のメリットは
- Q 4 　商法ってなにがきめてあるの
- Q 5 　毎日作る決算書って役に立っているの
- Q 6 　貸借対照表でなにがわかるの
- Q 7 　損益計算書でなにがわかるの
- Q 8 　決算書の(洋)はなにを表すの
- Q 9 　キャッシュフローってなに
- Q10　借方、貸方ってどういう意味
- Q11　財務内容を知るには新聞報道が早いの
- Q12　会社が株をもっているのはなぜ
- Q13　黒字倒産ってどういうこと
- Q14　社債ってどういうもの
- Q15　火災損失の経理の扱いは
- Q16　会社も税金を払っているの
- Q17　法人税のほかにも税金がかかるの
- Q18　脱税と節税の違い・脱税のペナルティは
- Q19　利子と配当はどこが違うの
- Q20　借金の実効金利ってどういう意味
- Q21　含み益ってどういうこと
- Q22　連結決算・納税を導入するとどうなるの

1 会社の利益はどう分配されるの

Q 会社の利益はどこでどう分配されるのですか。株主が全部もらってはいけませんか。

Answer Point

　　利益は株主のものです。分けるのは株主の考え方次第ですが、配当に全部回すことはできません。

1　利益はすべて株主のもの

　「会社は誰のものか？」という問いかけが、新聞などに時々出ます。理屈から言えば、会社はもちろん株主のものです。株主がお金を出し合って（出資）会社を作り、仕事ができるようにしたからです。そう考えれば、会社の仕事の結果生じた「利益」も当然株主の手に入るべきものです。

　社長さんが「儲けたのは、わしの経営手腕によるものだ」と威張ってみても、社長は株主から実際の仕事を委されただけですし、その働きぶりに対しては、社長給料という形ですでに損益計算の中におりこまれています。

　つまり、会社活動から生れた利益は株主のものですから、それをどう分けようか、何に使おうかということも株主の考え次第です。ただ、会社には、取引先など外部との関係もいろいろありますから、利益配分の方法には、法的なきまりがついています。

2　分けられる利益の中味は

　今期の損益を計算して利益が出ます。そこから、まず取り分けておかねばならないのは、税金です。会社が納めるべき税金は、原則として、今期の利益額にかかってきます。

　そこで税引前利益から、今期納税額を差し引いたものが、正味の当期利益です。この分に前期株主総会で分配し残した繰越利益を加えたものが、今期株主が自分達の相談で処分できる総金額になります。（図表1-1）

　今期、業績が振わず、赤字決算だと、処分できる当期利益はないわけですが、その場合でも、前期からの繰越利益が、今期の赤字額をカバーするほど

残っていれば、それを加えて当期の利益処分に回すこともできます。

3 利益処分は株主がきめる

株主総会にかけられる一番大事な議案は、利益処分に関することです。公認会計士の監査を受けた貸借対照表や損益計算書は、場合によっては、株主総会で会社側から株主に報告説明をしたうえ、承認をもらってお終いになります。

ただ、利益処分案だけは、いくら会社が慎重に作ったものでも、株主総会で株主の多数決による賛成がなければ実行できません。

日本では滅多に起きませんが、株主の権利と意見が強く働く欧米の会社では、総会出席の株主が会社作成の利益処分案に納得せず、もっと配当を増そうとか、業績不振の責任をとって役員賞与はもっと減らすべきだといった修正動議も出るようです。

4 配当はどう分けるか

利益は株主のものだから、全額配当に回してしまおうというわけにはいきません。まず利益準備金を取り分けます。これは、将来に向けての社内貯金のようなものですが、（現金配当額＋役員賞与額）×1/10以上をあてることになっています。図表1-2では（40＋20）×1/10＝6以上の準備金ということです。ただ、この準備金は、資本準備金の額と合わせて資本金×1/4

【図表1-1 損益計算書の最終行】

：	：
：	：
税引前当期利益	270
法人税及び住民税	110
当期利益	160
前期繰越利益	25
当期未処分利益	185

⇒

【図表1-2 利益処分案】

当期未処分利益	185
これを次のとおり処分します。	
利益準備金	10
株主配当金	40
（1株につき6円）	
役員賞与金	20
［取締役賞与 15］	
［監査役賞与 5］	
別途積立金	30
次期繰越利益	85

の額まで積み立てたらいいので、すでに上限まで達している会社では準備金の追加は必要ありません。

次に、株主に関心の高い配当金です。1株について6円ときめたら、1万株持っている株主は、6万円の配当を貰えるわけです。配当の割合は、きまったものではなく、会社とA株主の考え方、株式市場の状況など、いろいろの要因で変わります。（☞配当性向についてはQ47参照）

役員に対する給与（報酬）は、損益計算の中ですでに支出されています。しかし、思ったより会社業績が良く、利益も多かったというときは、株主のほうから、役員に対して"ゴホービ"が出ることがあります。これが、利益処分としての役員賞与です。

いわば利益の中から分け前として支払われるものですから、会社の経費にはなりません。もちろん、貰った役員個人のほうは、通常の給与と同じように所得税を納めることになります。

ここまでが大事な利益配分項目ですが、他に会社が、利益を全部処分してしまわず、将来何か必要なことが起きたときのために備えておきたいという場合は、適当な項目名をつけた積立金を準備しておきます。別途積立金はそういうものの一つです。

これで、まだ処分利益に残りがあれば、次期繰越利益として、来期の計算に回すことができます。

【図表1-3】

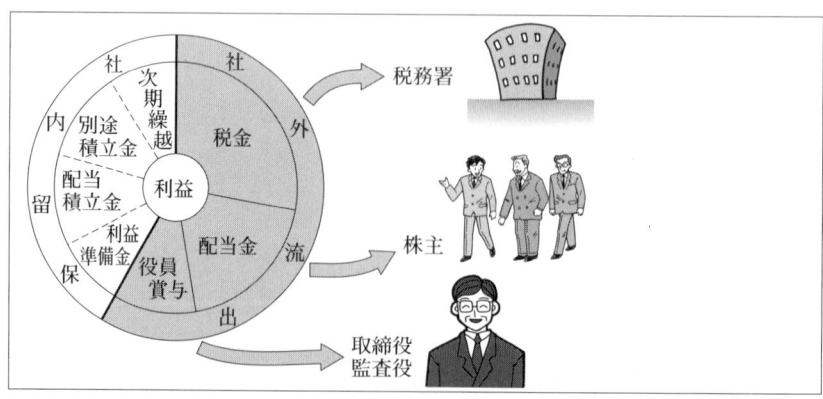

2 赤字なら税金は返してもらえるの

Q 会社は利益が出たら税金を納めますが、逆に赤字の場合、税金を返してもらえますか。

Answer Point

赤字は、5年間だけ繰り越して、次期以降の利益と相殺することができます。

1　5年間は赤字を次期に繰り越せる

会社の利益には必ず税金がかけられます。ところが、益金（売上高など）－損金（原価・経費など）＝課税所得の計算をして、損金が益金を上回り、課税所得がマイナス、つまり赤字決算になっても、税務署は税金を戻して穴埋めをしてくれることはありません。黒字だったら額に応じて税金を納めますが、赤字がいくら多くても税金は0でお終いというわけです。

ただ、会社は今期限りというものではなく、将来にわたって永く事業を続けます。そこで税法は、会社決算の赤字を、それから5年間だけ繰り越して、次期以降の利益と相殺することを認めています。

たとえば（図表1-4）1年目と2年目の利益は、当期損失200と相殺されて消えてしまいますから、税金0です。3年目になってやっと累積の損失が消え、課税が発生します。

もし、業績が回復せず、5年経っても、当期の赤字を消し切れないでいると、残った赤字はそこで打ち切りになってしまいます。だから、減価償却の方法を工夫するなど、何とか5年間で赤字を埋めることが必要です。

赤字決算が2期も3期も続いている場合は、古い年度の赤字から順に埋めていきます。したがって、一番古い年度の赤字が残っていても、5年経ったらその年度分はお終いになります。

ただし、この欠損繰越しは、会社が青色申告をしている場合に限られますから、注意してください。

2　前年が黒字納税なら、返してもらえる

前期決算で利益が出て、税金を納めていたら、1年だけですが、さかのぼ

って納めた税金を戻してもらえます。もちろん、全部ではなく、去年の黒字と今年の赤字の割合に応じた分だけです。(図表1-5)

なお、この欠損繰戻しも、青色申告の会社だけに認められている制度です。

3 赤字会社はどうしたらいい

5年のうちに努力して会社の業績を立て直し、累積赤字額を消してしまうことがなにより大事なことです。ただ、最初の赤字が大きくてなかなか5年では消えそうにないとき、他の業績のよい会社と合併するという方法があります。つまり、他社の黒字と、こちらの赤字を帳消しにするのです。ただし、この場合は、黒字会社を赤字会社のほうに吸収合併してから、改めて新会社で経営努力を重ね、利益を生むようにするという手順が必要です。

また、2002年から日本でも導入されることになった連結納税制度（☞Q22参照）では、子会社の赤字は親会社の黒字と合算されることになり、グループとしての税金は減ることになります。(図表1-6)

なお、日本では全法人数約250万社のうち69.9％の会社が赤字決算だそうです。このため、税金を利益だけにかけるのではなく、外形標準（資本金・従業員数など）で課税し、赤字会社でも、いくらかの税金負担をするようにしようという税制も考えられています。

【図表1-4 欠損金の繰越し】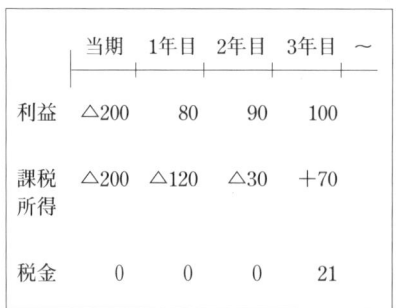

【図表1-5 欠損金の繰戻し】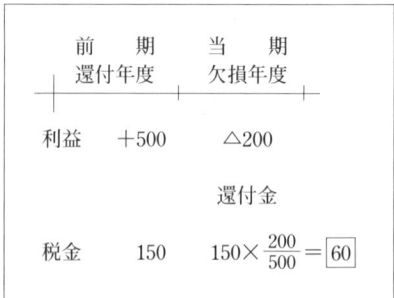

【図表1-6 連結納税の場合】

	A社（親）	B社（子）	C社（子）	連結
利益	400	100	△120	380
税金(30%)	120	30	0	114

3 株式の上場のメリットは

Q 株式を上場するというのはどういうことですか。また、上場のためにはいろいろ手間もかかるようですが、どんなメリットがありますか。

Answer Point

　　上場することで会社は資金調達がやりやすくなり、株主は株式を売買することで、自由な資金運用と売買差益を手に入れることになります。

1　多勢の人から、広く自由に出資してもらう

　株式会社は何人かの人が寄り集って資金を出し合い、それを元手にして仕事を始めるのが普通です。そうして仕事が軌道に乗って会社が大きくなると、もっとたくさんの資金が必要になります。もちろん、銀行から借金するとか、株主に頼んで追加の出資をしてもらうこともできます。しかし、銀行借入には条件が必要ですし、現在の株主に頼るのにも限度があります。

　一方、しっかりした会社だったら、これから資金を出してあげてもいいと考えている投資家もいます。こういう投資家と会社を結びつける役目をするのが証券取引所です。

　より多くの資金を集めたい会社は、取引所に登録して、自社の株式を証券市場で売りに出すことができます。このことを「上場する」というのです。

　証券市場の売買には誰でも自由に参加できますから、その会社が将来有望だと考える人は、お金を出して、上場された株式を買うことができます。つまり、その会社の新しい株主になるわけです。また、現在株主である人が、持っている株式をお金に換えたいというときは、市場に株式を売りに出せばいいのです。

　つまり、上場することで会社は資金調達がやりやすくなり、株主は株式を売買することで、自由な資金運用と売買差益を手に入れることになります。

2　上場で一人前になれるか

　上場するということは、一般の人に広く会社の門を開くということです。「誰でも好きなときに株主になってください」というのと同じです。それは

見方を変えると、上場するというのは会社側にとっても大変責任の重いことです。多勢の人が参加している証券市場ですから、売っている商品（株式＝会社）は原則として内容がしっかりしているものでなければなりません。それから、商品の中味、すなわち会社の業績内容が公開明示されていなければなりません。

したがって、証券取引所にはどんな会社の株式でも上場できるわけではありません。業績、管理組織、経理体制などがきちんと整っていて、市場の客、つまり投資家に安心して買ってもらえるような会社でなければ上場を認めないのです。逆にいえば、そういう証券取引所の厳しい基準をクリアして上場できるというのは、会社にとって「経済界で一人前になった」というお墨つきを貰ったようなものです。

昔は、上場までに20年もかかったりしましたが、最近は、ベンチャービジネスなど変化と進歩の早い会社が出てきて、設立後2年でスピード上場する例も増えました。また、そういう会社上場に対応する新しい市場（ジャスダック、マザーズなど）も用意されています。

上場したら会社の大目標は達成され、あとは万々歳なのかというと、その反対です。外部株主が加って経営監視の目も厳しくなります。社会的責任も生じます。一層の努力が続かないと、株主から見離されて株価が下がってしまうということにもなります。あるいは、上場人気でたまたま手にした巨額の資金で、分不相応な本社を建てたり、過大な生産設備に投資して、たちまち経営が行き詰ったという会社の実例もあります。

3　上場のメリットとデメリットは

サントリーのように有名でも上場していない会社があります。上場の得失を考えての方針なのでしょう。上場のプラス・マイナスを整理すると、図表1-7のとおりです。いずれにしても、上場したら、それなりの対応が必須条件になります。

【図表1-7　上場のプラス・マイナス】

プラス	マイナス
・資金調達が容易になる	・外部株主への対応必要
・知名度が高まる	・情報公開が求められる
・営業にプラスになる	・決算書作成などの法規制が強まる
・人材が集まる	・株主総会の準備と開催
・社会的信用がつく	・株価変動への配慮
・経理制度が確立する	・安定株主づくり
・管理組織が強くなる	・外部の会計士監査が必要になる

4 商法ってなにがきめてあるの

Q 商法ってよくいわれるけれど難しそうですね。どんな法律で、何をきめてあるのですか。

Answer Point

商法は、会社でも個人でも商売をする人がお互いの権利を尊重し、信頼の上に立って取引ができる商いのルールです。

1 世の中の「商い」をするうえでのきまりである

野球でもゴルフでも、スポーツにはルールがあります。サッカーのように激しいスポーツにルールがなければ、楽しいゲームにはならず、ただの喧嘩になってしまうでしょう。

町の八百屋さんで大根を売るのも、高さ100メートルのビルを建てるのも「商い」です。商いには必ず複数の当事者があり、生活がかかっていますから、サッカーより厳しいやりとりともいえます。

もし、この世界で、いつもずるい人が勝つようでは商売が成立ちません。そこでお互いの権利を尊重し、信頼の上に立って取引ができるような商いのルールが必要です。これが商法です。日本の商法は、明治32年（1899年）に初めて制定されました。それから100年の間に、経済社会の変化にともない、商法条文も改正が重ねられて現在に至っています。　商法は、全部で四編851条からできています（図表1-8）。この中で、とくに会社が仕事をしていくうえで守らねばならないことは、第2編「会社」の項にあげてあります。さらに、わたし達の身近に多い株式会社については、設立の方法、運営の組織、報告書の作成など細かいことまで具体的にきめられています。（図表1-9）

2 会社法で、具体的ルールがきめられる

株式会社は、多くの人からお金を集めて（資本出資）仕事をします。資金を出してくれた人（株主）には、お金の使い途と仕事の結果を正しく報告しなければなりません。また、株主から会社の運営をまかされた取締役は、期待に応えるだけの仕事を忠実に努力しなければなりません。

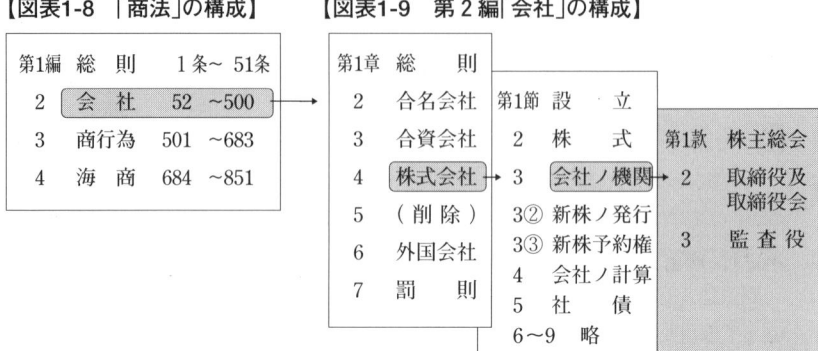

こういうことがきちんと実行されるように、会社法は大事なことは細かいところまできめてあります。

3　ルール違反はイエローカード

会社の取締役、監査役のほか、会社運営に責任ある人が、自分の利益をはかって会社に損害を与えたりすると、もちろん、懲役、罰金のレッドカードです。あるいは、きめられた届出を怠ったり、会計帳簿、決算書に嘘のことを書いたりするとイエローカードで過料に処せられます。

みちくさ①
ハンバーガーが食えなかった話

会社の仕事でニューヨークに出張した。1週間でホテルの朝食に飽きて、街の通りにでた。人気があって込んでいそうな店を探して入る。

カウンターの向こうにいる元気のいいお兄ちゃんに「ハンバーガーと、コーンスープを一つ頼む」と英語で注文した。その注文がお兄ちゃんに伝わらない。逆に、「？？？」と聞き返してきた。これがまた早口で単語の切れ目なしだから（当たり前のことだが）、今度はこちらがわからない。

こんなやりとりが2度3度繰り返されると、後に並んだキャリア風の女性がきつい目をしてにらむ。

とうとう、近くのテーブルでトーストをかじっている男のトレイを指さして「the same one」と言ったら、多分身振りでわかったのだろう、同じものが出てきた。希望したものは食べられなかったが。

5 毎年作る決算書って役に立っているの

Q 会社はなぜ毎年決算書を作るのですか。誰がみて、どんな役に立っていますか。

Answer Point

決算書は、株主への報告のほか、納税や取引先・経営のためなどいろいろのところで利用されています。

1 何よりもまず株主（出資者）へ報告

一生懸命に家計簿をつけている主婦がいます。月末にノートを締め切り、「赤字ですよ」と亭主に申し入れても、口頭だけでは、「それは君のやりくりがまずいから」と反論されたらお終いです。

そこは給料の入金から、米代、電気代の支払額まで一覧表にまとめたうえで、亭主の交際費、飲代がいかに家計に大きな割合を占めているかの証拠資料も添えて、亭主の眼前に突きつけなければなりません。あるいは、家計を預かる主婦（財務大臣）なら、きちんとした家計決算報告書を作るのは、大事な仕事のうちなのかもしれません。

さて、株式会社は、多数の株主から資金を預って仕事をしています。株主のほうは、その資金でどんな仕事ができたか、預けたお金はどんな形で会社に残っているか、気がかりに違いありません。

会社のほうは、当然株主の心配に応えられるような報告を出す義務があります。少し堅苦しくなりますが、基本ルール商法の条文をそのまま書いてみます。（法律はやさしい解説も役立ちますが、なによりも原文に接することが大事です）

「商法第281条〔計算書類の作成〕
取締役ハ毎決算期ニ左ニ掲グルモノ及其ノ附属明細書ヲ作リ取締役会ノ承認ヲ受クルコトヲ要ス
一　貸借対照表
二　損益計算書
三　営業報告書

四　利益ノ処分又ハ損失ノ処理ニ関スル議案
② 略
　商法283条〔計算書類の承認〕
　取締役ハ第281条第1項各号ニ掲グルモノヲ定時総会ニ提出シテ同項第3号ニ掲グルモノニ在リテハ其ノ内容ヲ報告シ、同項第1号、第2号及第4号に掲グルモノニ在リテハ其ノ承認ヲ求ムルコトヲ要ス
②③　略」

　つまり、1年に1度（日本ではたいていの会社が3月末）会社の帳簿を締切って決算作業を行い、決算書類と呼ばれるものを作って、株主総会にかけているのです。なお、大きな会社では、このほかに、キャッシュフロー計算書という、仕事で働いたお金の流れを表したものも公表することになっています。

2　決算書はほかにもいろいろ利用される

(1)　納税のため

　会社は利益が出たら、それに応じた税金を納めねばなりません。そのときの納税計算の基礎になるのは、総会できまった決算数値です。もちろん、国の財政的理由もあって、税務上の課税所得と、企業会計の利益は100％一致しませんが、基本は同じです。

(2)　取引先のため

　銀行は会社にお金を貸します。返済できるような会社かどうかを判断するには、会社の成績表をみなければなりません。会社に物を納めている仕入先も、あるいは得意先も、商売の相手として、この先取引をきちんと続けていけるかどうかの見極めに、決算書の数値は有効です。

　もちろん、そこの社長さんはしっかりしているかとか、新製品開発は進んでいるかといったことも、会社判断の要素ですが、決算書は何といっても、客観的数字で結果が出ていますから、まず第一に取り上げられます。

(3)　経営のため

　家計簿が赤字になったと騒いでみても、原因がどこにあるのかわらなければ、生活の立て直しようがないでしょう。働きが悪くて収入が少ないのか、ブランドもので身を飾る無駄使いが過ぎるのかでは大違いです。

　会社の経営も、ただ、"もっと頑張れ"のかけ声だけでは成績は上がりません。営業のどこが強いか、弱いか、何を工夫したら効果的なコストダウン

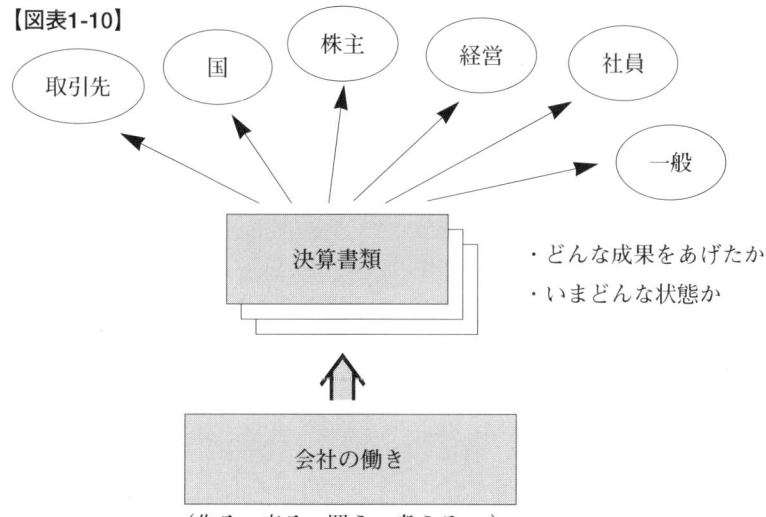

ができるか、というような具体的行動に結びつく状況判断が必要です。

そのためにはやはり、過去の成績ですが、会社の働きを数字で示した決算書を分析して役立てることができます。

(4) 広く世の中に

社員だって自分の働いている会社の様子がどうなのか知りたいでしょう。これから就職したいという人にも、働きがいのある会社かどうかの判断資料の一つになります。

つまり、会社が広く社会の中で活動していれば、それだけ周りの人達の関心の目が決算書に集まると考えてください。

3　決算書の報告の形もいろいろ

経理が作る決算書の基本の形は一つですが、それを誰がどう使うかによって、少しずつ形を変えた報告書が作られ、用いられています。

株主に……株主総会の時期に、最も標準的な簡明な決算書が作られ、営業報告と合わせて送られます。

取引先に……銀行が知りたい項目を詳しく書くこともできます。

国に……税金を納めるための計算書が別につけられます。

一般に……新聞公告のほか、ホームページでもみられるようになりました。

6 貸借対照表でなにがわかるの

Q 貸借対照表ってなにですか。それをみたら、なにがわかるのですか。

Answer Point

会社の財産がどんな形でいくら残っているかを数字で表し、一覧表にして株主に報告するものです。

1 基本の形

貸借対照表（Balance Sheet　略してB/S）は、会社がいま持っている財産の一覧表です。会社はもともと多数の株主から資金を出してもらって仕事を始めました。その株主の大事な資金が、会社の仕事の流れの中でどのように形を変えて動いているかは、いつでもわかるように簿記の手法で記録されています。

そして、事業年度の終り（期末）に、1年間の会社活動の結果、会社の中にどんな財産（借金のようなマイナス財産も含めます）がいくら残っているかを、数字で表し、一覧表にして株主に報告しなければなりません。

報告としてのB/Sの形は、会計の規則できまっていて、日本中の会社が同じ形式のB/Sを作り公表しています。まず図表1-11で基本形をみてください。

表の左側（借方）には、商品や機械など資産を並べます。こういう「資産」をプラス財産とすると、マイナス財産にあたる借入金などは、表の右側（貸方）に並べます。見方を変えると、これは左側の資産を買うのに使われた資金調達のための「負債」とも考えられます。

株主から出してもらった資本金なども資産購入にあてられますから、同じく右側（調達）の「資本」欄に加えます。右側の資金調達額と、左側の資金使用（運用）額は、当然同額のはずですから、この財産一覧表の右と左（貸借）欄合計は、同金額になります。これが貸借対照表と呼ばれる理由です。

2 B/Sの具体例

もう少し詳しく中味をみてみましょう。図表1-12のB/Sは期末日現在の会

社状態を表すものですから、まず作成年月日（平成14年3月31日）を明示します。実際に株主の手元にB/Sが届くのは5月になるので、そのときはすでにB/Sの中味は動いていることになります。

このように、B/Sは、あくまで過去の一時点の報告書だということに留意してください。

(1) 資産

生産や販売あるいは研究など会社の活動に使用されている「モノ」です。金庫に入れてある現金、銀行の定期預金、工場の倉庫にある部品や材料、こういうものは、仕事の流れの中でつぎつぎ動いていくものですから、流動資産と呼ばれます。

これに対して、土地・建物・機械など、仕事のために長い期間使われるものを固定資産として区分します。取引先の会社の株式を買ったり、他社にお金を貸したりしたのも固定資産の内です。

(2) 負債

銀行から資金を借りる「借入金」は負債の代表ですが、仕入先から材料を買って、まだ代金を払っていなければ、これも一種の負債「買掛金」といえます。税金の未払いがあれば、もちろん期限内に払わねばなりません。これは流動負債です。

銀行から5年という長期間の約束で借りた資金は固定負債です。また社員の退職金のために用意した引当金も、ずっと先になって支払うものですから、固定負債といっていいでしょう。

(3) 資本

株主からの出資金と経営活動で生み出された利益（株主のものです）のうち、会社内部に残された分です。負債が会社外部からの資金調達とすれば、資本の部は株主からみた内部での調達分といえます。

3　B/Sからわかること

B/Sは、いわば会社の身体的状況です。身長に比べて体重が重すぎるとか、皮下脂肪が厚いとか、健康診断の判定数値が読みとれます。

具体的にはそれぞれの項目で説明しますが、一目見たところで次のようなことがわかります。

(1) 現金預金を日常営業に差し支えないぐらいちゃんともっているか。

【図表1-11　貸借対照表の基本形】

(借方)　　(貸方)

資産	負債
	資本

【図表1-12　貸借対照表】　　平成14年3月31日（単位：百万円）

資　　　産		負　　　債	
流動資産		流動負債	
現金預金	510	支払手形	140
売掛金	720	買掛金	260
製品	160	借入金	100
材料	100	未払税金	120
その他	20	固定負債	
		長期借入金	250
固定資産		退職給付引当金	120
建物	160		
機械	30	資　　　本	
車輌	10	資本金	450
土地	260	利益準備金	60
投資等	150	別途積立金	470
		当期未処分利益	150
		（当期利益）	(110)
合　　　計	2,120	合　　　計	2,120

(2) 材料や商品などの在庫は、売上と比べてたくさんもちすぎていないか。
(3) 機械などは過大設備になっていないか。
(4) むやみと投資や貸付金が多くないか。
(5) 売掛金はきちんと回収されているか。
(6) 借入金はどのくらい残っているか。それは会社の規模からみて多すぎるということはないか。
(7) 税金の未払分は、ちゃんと計算のうちに入れてあるか。
(8) 株主から出して貰った資本金部分は、全資産の中のどれくらいの割合になっているか。
(9) 会社の内部留保もしっかり残っているか。

7 損益計算書でなにがわかるの

Q 損益計算書ってなにですか。それでなにがわかりますか。

Answer Point

損益計算書は、1年間にどれだけの費用を使い、どれだけの営業活動をして、どんな結果を得られたかがわかるものです。

1 P/Lの基本の形

損益計算書（Profit and Loss StatementあるいはIncome Statement、略してP/L）は、会社がこの1年間に、どんな働きをして、いくら利益をあげたかを表した計算表です。株主が会社に出資するのは、それを元手にして会社が「商い」（物やサービスを作ったり、売ったりすること）を成功させ、儲けを返してくれることを期待するからです。

だから会社は、1年間にどれだけの費用を使いどれだけの営業活動をして、どんな結果（利益）が得られたかを株主に報告します。

P/Lの形をわかりやすく表したのが図表1-13です。図表1-13の右側に、活動の結果としての収益(売上高)をあげます。左側に、その売上に見合う原価や、活動費用を並べます。収益と費用の差額が得られた利益です。もし、反対に費用の方が収益より大きければ、今期の活動結果は損失ということになります。(図表1-14)

【図表1-13 損益計算書の基本形（T字式）】

費　用	収　益
売上原価	売上高
管理費 販売費	
利　益	

2 P/Lの具体例

少し詳しく内容をみてみましょう。図表1-14のように収益・費用の項目を、表の左右（借貸）欄に分けて表すのをT(ティー)字式と呼びます。貸借対照表はこれで表すことが多いのですが、損益計算書のほうは、報告式とい

【図表1-14 損失のとき】

費　用	収　益
原　価 経　費	売上高
	損　失

って、図表15のように上か下へ（＋）（－）の項目を並べて表すやり方が一般的です。

P/Lは、この事業年度（普通は1年間）の会社活動状況を表すものですから、まず、何時から何時までのものという期間明示が必要です。P/Lは大区分として「経常損益」（通常の営業サイクル内での取引）と「特別損益」（突発的、異常な取引）の部に分かれます。

営業収益の中心は売上高です。会社活動の結果がそのまま売上数値になって示されます。ここから売上に対応する原価と、販売の

【図表1-15　損益計算書（報告式）】

平成13年4月1日より
平成14年3月31日まで　（単位：百万円）

科　　　　目	金額
経営損益の部	
営業収益・売上高	3,130
営業費用・売上原価	1,890
販売費及び一般管理費	810
（営業利益）	430
営業外収益・受取利息・配当金	60
営業外費用・支払利息・割引料	90
（経常利益）	400
特別損益の部	
特別利益・株式売却益	10
特別損失・機械除却損	20
（税引前当期利益）	390
法人税及び住民税	150
（当期利益）	240

ための費用、本社、研究所の経費などが営業費用として差し引かれます。さらに、生産、販売という直接営業サイクルの外にあって、会社活動を支えている資金に関する収益費用などは、営業外のものとして別区分します。

ここまでの段階で計算された経常利益は、会社の通常の働きの結果を示すもので、業績を判断する一番のポイントになっています。

このほかにも、会社では、機械設備を廃棄したり、火災のような思わぬ事故があった場合には特別損益の部で会計処理をして、経常損益の段階での判断に影響しないようにしてあります。

ここまでで計算される利益は、まだ税金を引く前のものです。ここから、利益額に対してかけられる法人税などを差し引いて、はじめて会社の手元に残る「当期利益」が計算されます。

3　P/Lからわかること

P/Lは、会社の活動状況と働きの結果を表しています。B/Sが身体の身長・体重を示しているとすれば、P/Lは筋力や脚力を表しているともいえます。

P/Lをみて、もっと売上を伸ばそうとか、本社経費を節約しようとか、利益を増すための意見がきちんと出てくれば、P/Lは活用されたといえます。

8 決算書(注)ってなにを表すの

Q 決算書の下の欄に(注)というのがいくつもついていますが、なんのためのものですか。

Answer Point

脚注や注記といって、決算書の中味を補足するためのものです。

1 本体の決算書の内容を補うもの

会社の働きは、いろいろな会計処理、手続きを通って決算書に数字で表されます。できあがった決算書は、いわば結果としての一覧表ですから、どういう考え方あるいは筋途を経てきたかは省略されています。

ところが、会計には「考え方」や処理の「筋途」によって随分結果としての数値が変わってくることがあるのです。そこで、決算書を読む人に「結果はこの通りですが、前提としてこういう処理をしていますよ」ということを一言つけ加えてあげるほうが、親切です。それで、決算書の各項目の意味がより深く理解できたら、投資家の正しい判断を助けることになります。

このように、決算書の背景を補足して説明するものが「脚注」とか「注記」といわれるものです。その中でも、大事なことについては、会計法規で必ず「注記」をつけるようにきめられています。

2 たとえばこんな注記がある

(1) 「記載金額は百万円未満を切り捨てて表示している」

商法の計算規則の中で、大会社(資本金5億円以上または負債額200億円以上)では、決算書の単位を「百万円未満切り捨て」で表示してもいいことになっています。ここは切り捨てであって、四捨五入ではありません。

したがって、総会招集通知に載っている貸借対照表資産の各項目を足してみても合計額と一致しないことがありますが、計算間違いではありません。

(2) 「子会社に対する短期金銭債権12百万円」

関係の深い会社に対する売掛金・貸付金・借入金などは、普通の外部取引

先に対する債権債務とは意味合いが少し異なります。もしかしたら、業績がうんと悪い関連子会社に多額の援助資金を出しているのかもしれません。そういうことを明らかにしておこうという注記です。

(3) 「有形固定資産の減価償却累計額230百万円」

貸借対照表に計上している建物や機械の金額を、購入価格－既償却額＝簿価で載せているときは、これまでの償却額が累計でどれくらいあるか、いい換えると、償却はどの程度進んでいるかを示しています。

(4) 「受取手形割引高21百万円」

手形を銀行へ持っていき、現金に換えてもらったとき（手形の割引）、手持ちの受取手形からその分は消えます。仕訳は次のとおりです。

　　　（借方）当座預金　21　　（貸方）受取手形　21

しかし、割引手形はもしかすると不渡りになって、銀行へ返金することになるかもしれません。隠れた一種の負債で"リスクあり"です。やはりそれがいくらあるかを明らかにしておくほうが公明でしょう。

さらに、税法上の貸倒引当金を認めてもらう（税金が軽くなる）ためには、必ずこの注記が必要ですから、要注意です。

(5) 「有価証券の評価は時価による」
(6) 「減価償却の方法は定率法である」
(7) 「貸倒引当金は貸倒実績率により計上している」
(8) 「棚卸資産の評価は先入先出法による原価法による」

(5)～(8)のような注記は、会社が採用している重要な会計方針に関するものです。たとえば、減価償却は、定率法か定額法かで結果に大きな差が出ます（Q55参照）。それを頭において決算書を読むことが非常に大事です。

4　付録のほうが重要なこともある

雑誌の付録や、菓子のおまけが目当てでよく売れることがあります。決算書の注記はいわば付録です。目立たないこの2～3行の情報の中に、会社の動向将来を占うような重要なことが含まれている場合があります。

巨額の赤字子会社に資金を注入して振り回されていたり、損益を粉飾するために、償却や引当の方法を変えたりする会社もあります。こういうことを見抜くために、決算書の注記は役立ちますから、本文に劣らずしっかり読みとることが大事です。

9 キャッシュフローってなに

Q 新聞で「キャッシュフロー」が大事という記事をよく目にしますが、どういうことですか。

Answer Point

仕事のための資金がどこから入ってきて、どこに流れたかがわかるようにしたのがキャッシュフロー計算書です。

1　お金の流れは血液の流れである

呼吸は、普通の人でも30秒ぐらいなら止めておけます。しかし、「心臓が止まるほどびっくりして死ぬかと思った」というように、循環器が働かず、血流が止るとたちまち身体機能全部がアウトになります。

会社の中にある資金は、まさに人体中の血液にあたるものです。同じように、製品を作る、売る、研究開発するといった会社の活動は、すべてお金を介して行われているのです。給料を払うのはもちろん現金ですし、文なしでは出張してバスに乗ることさえできません。

しかし、お金を仕事に使うためには、商売をしてお金を手に入れなければなりません。このように、会社の仕事のための資金がどこから入ってきて、どこに流れていったかを計算してわかるようにしたものが、キャッシュフロー計算書（Statement of Cash Flows 略してC/F）です。

2　在庫が増えると、資金が減る

C/Fは、次の3つの区分から成立っています。（図表1-16）

(1)　営業活動

資金のベースは、何といっても会社の本業にあります。まず今期の税引前利益1,500が資金の元です。この当期利益は減価償却費50や、貸倒引当金繰入額30を、当期の損益計算におり込んだあとの数値です。

ところが、減価償却や費用引当は、経理上の処理だけで、そのことで実際のお金が動く(出ていく)わけではありません。つまり、費用に計算されるけれど現金支出はないものは、当期利益にプラス資金として上乗せします。

営業が頑張ってたくさん売っても、得意先から代金を払ってもらえなければ、資金の流れは戻ってこないわけです。もし、売掛代金の回収が滞って、前期より130増えていたら、それだけ資金を食われていることになります。営業活動のC/Fとしたらマイナス130です。

材料や商品など在庫が60減ったというのは、倉庫の棚で寝ていた棚卸品がお金に形を変えて、資金の流れに加わったとみていいでしょう。

売掛金と反対側にある買掛金が110増えたのは、仕入先に払うべきお金をそれだけ待ってもらったのです。相手には迷惑なことですが、こちらの資金面からみると、110だけ余裕が生まれたと計算してもいいのです。

【図表1-16 キャッシュフロー計算書（C／F）のモデル】

(単位：百万円)

1　営業活動によるC／F	
・税引前当期利益	1,500
・減価償却費	50
・貸倒引当金増加	30
・売掛金の増加	－130
・商品在庫の減少	60
・買掛金の増加	110
・法人税等の支払い	－400
小計（a）	1,220
2　投資活動によるC／F	
・機械設備の購入	－250
・有価証券の売却	80
小計（b）	－170
3　財務活動によるC／F	
・銀行借入	180
・長期借入金返済	－60
小計（c）	120
現金の純増減（a＋b＋c）	1,170
現金の期首残高	2,300
現金の期末残高	3,470

(2) 投資活動

技術革新の時代ですから、どうしても新しい機械設備が必要です。設備投資250はまるまる資金が会社の外に出ていく形です。株式など有価証券を売ったり買ったりした場合も、投資活動による資金の増加、減少に計算します。また遊休土地を売却したら、資金の流れでは投資活動のプラスです。

本業をおろそかにして、不動産や株式への投資売買に走るような経営だと、この部分のC/Fが大赤字になり、会社全体の資金の流れをパンクさせることになります。これは、人体でいえば、動脈瘤破裂で倒産即死です。

(3) 財務活動

銀行からお金を借りたり、返済したり、あるいは、社債発行、公募増資で資金調達したりという、直接的財務手段による資金増減です。

このような資産増減の流れの結果、今期の現金純増1,170は、期首の手持2,300に加えられて、次期の会社活動に投入されます。肺で新しい酸素をもらった血液が、心臓を通って、脳や手足に巡っていくと考えましょう。

10 借方、貸方ってどういう意味

Q 経理の本によく出てくる「貸方」「借方」はどういう意味ですか。また決算書の銀行借入金が「貸方」に出ているのは逆ではありませんか。

Answer Point

　もともとは意味があったのですが、現代の簿記会計では、貸=右、借=左　と読みかえて、単純に帳簿や表の右、左と考えるほうがいいのです。

1　もともとは意味があった

　貸方はカシカタ、借方はカリカタと読みます。英語でいうと、それぞれ、<Creditor :Cr.> <Debtor :Dr.>となります。

　商売の取引に帳簿をつけるようにしたのは、イタリアの銀行家なのですが、彼等は客先別に帳簿をつけて、お金のやり取りを記録しました。

　図表1-17で銀行が客先にお金を貸したとき、勘定の主であるAの立場からみて（Aは借りた）と記入したのです。

　会社の貸借対照表で考えてみるとどうでしょうか。それぞれの勘定項目が主役ですから、出納係Aさんは、会社から現金10を借りて（預かって）いるのです。工場の機械主任B氏は、機械50を借りた責任があります。反対側で、商品納入C社は未払代金（買掛金）20を全社に貸しています。D銀行は会社にお金を30貸しているので、会社の勘定では貸方に書くのです。（図表1-18）

2　簡単に右（ミギ）、左（ヒダリ）と考えよう

　複式簿記が一般に使われるようになって、一つの取引が貸方、借方の二面から記録されるようになりました。たとえば、100万円の機械を買って、現金で支払ったとします。この場合の仕訳と勘定の動きは図表1-19のようになります。

　ここまでくると、もう貸方、借方のもとの意味はなくなっています。

　現代の簿記会計では、貸=右、借=左　と読みかえて、単純に帳簿や表の右、左と考えるほうがいいのです。まだ、貸借対照表などと決算書の名前は生きていますが、これも左右対照表と読みかえて一向に差しつえありません。

【図表1-17】
銀行の勘定
客先　A

（借）	（貸）
客Aが 銀行から 借りた時記入	客Aが 銀行に 貸した（預けた） 時記入

【図表1-18】
会社の勘定

借方	貸方
A現金　10 B機械　50 会社から 預かっている	C買掛金　20 D借入金　30 会社に 貸している

【図表1-19】

取引：機械100を現金で買った。
仕訳：（借方）機械　100　　（貸方）現金　100

機械　　　　　　　　　　　　現金
→ 100　　　　　　　　　　　100 ←
（資産の増加）　　　　　　　（現金の減少）

みちくさ②

トップはケチであるか

すぐれた内容をもつ会社の社長で、名前の頭に形容詞をつけ「ケチ○○さん」と呼ばれている人がいる。だいたいは、ワンマンの名物男であることが多い。

ある水産会社のトップで、早朝に荷造積送場を歩いて回り、落ちている梱包用の縄を拾ったという人を知っている。電灯の点滅、コピー紙の利用に至るまで、社内への指示は厳しくて、社員は大変だったと思うが、この人は一方で、世間に目立たない福祉事業に惜しみなく大金を投じた。

総じて「ケチ○○さん」といわれるトップは１円の経費でも合理化節約を命じる一方で、数千万円の新鋭研究設備は、研究員の要望に応えてあっさりOKする。

これに比べて凡人は、日常の無駄使いに気をつかわない代わりに、これという肝心のときに大金を使う勇気もない。こちらのほうを本当にケチというべきだろう。

11 財務内容を知るには新聞報道が早いの

Q 会社の財務内容を早く知るには、新聞報道をみるのが一番ですか。

Answer Point

内容をすぐにでも知りたければ、取引所の閲覧室に行って、決算短信をみるのがよいでしょう。会社のホームページも開かれています。

1 株主総会の7週間前には決算完了

株式を上場していない会社の決算書は、原則として公開する必要がありません。もちろん、銀行や税務署にはいやいやでも提出するでしょうが、それは借入や納税のためで仕方がありません。

上場会社は、多数の一般株主から広く出資してもらっているのですから、こちらは原則として完全オープン型で情報開示しなければなりません。それもできるだけ早く、どの株主に対しても平等にという条件つきです。

日本の会社は3月決算のところが大半です。そして、株主総会日（普通は3か月後）より7週間前には決算書を完成させて、社長から監査役に提出することになっています。ということは、遅くとも5月上旬には決算書ができあがっていなければなりません。

2 決算短信で公開してから新聞発表する

ところが、ここまでくる前に、決算書がまとまったら、商法のきまりにとらわれず、できるだけ早い機会に情報公開すべきだという考え方があります。この場合の情報公開というのは、世間に広く情報を伝える役目を持つ新聞に公表するということです。

決算作業の早い会社では、4月下旬に、もうその決算発表というのをやります。「決算短信」という定型のフォーム（短信といってもかなり詳しい）があって、それを各証券取引所に提出したあと、証券担当の記者クラブでいわゆる新聞発表をするのです。

一応取締役会でも承認された決算書ですが、総会承認で確定したわけでは

ありません。そして、この内容が翌日の朝刊に「A社今期業績大幅増加」とか「B社遂に赤字転落」といった見出しで記事に載ります。といってもそれは注目されている会社のことで、ニュース性からみて平凡な会社の記事は、売上、利益の1行記事で終りです。

確かに、会社の決算情報は新聞が早いのですが、1行記事で足りない人は、取引所の閲覧室に行って「短信」そのものをみなければなりません。

図表1-20のように、決算のあといろいろな目的で、いろいろな形の情報が出されます。中には、総会後に新聞紙面を埋めつくす貸借対照表のように、ただ商法規定にあるだけで、実際は無意味になっているものもあります。

そのほかに、期中の会社状況を、経済紙記者が取材調査して新聞に載せることもあります。しかし、一般の人がいきなり会社に行って「最近の会社の成績はどうですか」などと聞いても、まず答えてはもらえないでしょう。

3 ホームページで最新情報をリアルタイムに伝えている

ただ最近は、会社によってインターネットのホームページを立ち上げているところが多くなりました。株主に限らず、広く一般の人に会社の最新の情報をリアルタイムで伝えることもできます。

【図表1-20　会社の決算情報の公開モデル】

(決算期　3月31日)

時　期	書類名	公開場所	内　容
4/下～5/初	決算短信	証券取引所 記者クラブ	決算書類の速報 役員人事を含む
6/10 (総会前2W)	総会召集通知	株主あて郵送	通知状に決算書類添付
6/10 (〃)	決算書類	本社備え置き	株主、債権者の閲覧
6/25 (決算期後3M)	決算書類	総会会場	株主に報告、承認
6/26 (総会後直ぐ)	営業報告書	株主あて郵送	事業概況、総会決議事項など
6/26 (〃)	貸借対照表	官報、日刊紙	大企業は損益計算書も掲載
6/26 (決算期後3M)	有価証券報告書	証券取引所 財務省	詳しい決算書 印刷販売されている

12 会社が株を持っているのはなぜ

Q 会社は持っている株式が値下がりしたらどうするのですか。そもそもなぜ会社に「株」があるのですか。

Answer Point

　　　投資目的や株の持合い、お付き合い、関連会社への出資などによって株があるのです。

1　会社も株式を買うことがある

　かつて、財産三分法がいいといわれたときがありました。家庭経済を考える場合、持っている財産は、1/3を銀行預金に、1/3は不動産（土地・家など）に、残る1/3は株式投資に回すのが賢いやり方だとされたのです。その後、バブル経済が破れて株も土地もあきれるほどに値下がりしました。絶対安全と信じられていた銀行預金さえ、この頃は危なくなってきました。

　会社も、バブルで経済が浮かれていたときに本業以外の株や土地に手を広げたところがたくさんありました。株式市場が脚光を浴びて華やかだった頃は「含み益」の多い優良会社とほめられたのが、いまは値段の下がってしまった株式をどう処理するかで苦しんでいます。

　では、会社がなぜ株式を持ったりするのでしょうか。電機を製造したり、サービスを提供するのが本業なら、株の売買は会社の仕事の内に入っていないはずです。しかし、いろいろな事情で、会社の貸借対照表には「有価証券」項目で保有株式が計上されています。

2　資金運用のため、つき合いのためなど

(1) 投資目的

　会社のお金は仕事をスムーズに運ぶ役割が基本です。しかし、たまたまお金の流れの中で、いますぐには使わない資金のプールができることがあります。利息のつかない当座預金で遊ばせておくのはもったいないので、一時的に株式に形を変え、有利な配当金をもらうか、あるいは株価の値上がりを期待します。

こういう株式は、必要があれば何時でも証券市場で売却して資金に換える積りですから、流動資産に計上します。

(2) **持合い**

　取引のメイン銀行に、同時に大株主にもなってもらい困ったときに優先して助けてもらおうと、こちらの株式を持って貰います。反対に銀行の株も、将来売りませんという約束で買い取ります。これが株の「持合い」と呼ばれるものです。

　最近は、銀行の事情もあってお互いの株式持合いは解消の方向に進んでいます。

(3) **つき合い**

　取引先に頼まれて、非上場の相手会社に投資することがあります。この場合の保有株式も将来、他に売る目的ではありませんから、貸借対照表上の固定資産の項目に塩づけです。

(4) **関係会社**

　関係子会社への出資です。これは関係会社株式として投資の部に計上してありますが、資金運用的意味合いはありませんし、連結決算書の上では子会社の資本金と相殺され帳消しになっています。

3　株式が下がったら、「損」を勘定する

　会計には、保守主義の原則というのが働きます。持っている株が値上がりしても、その値で売らない限り実際に儲けたとはいえないので、そのままにしておく。反対に値下りしたときは、売らなくてもここまで損したと用心して、先に株の帳簿価格を切り下げておく。この「低価」方法が安全だと考えられていたのですが、最近になり、国際会計の基準に合わせて「時価」で株式を評価しようということになりました。

　非上場の得意先や関係子会社の株式は別にして、投資目的で持っている上場株式は、期末の証券市場価格で評価し直します。購入原価より株価が上がっていれば評価益ですが、運悪く株価下落で期末を迎えると、評価損を計上しなければなりません。

　ただ、この評価損益額は、持っている株式の性質、保有目的によって損益計算に直接おり込む場合と、貸借対照表資本の部で処理する場合がありますから、注意が必要です。

13 黒字倒産ってどういうこと

Q 黒字倒産したという話を聞きますが、会社は儲かっていても潰れますか。

Answer Point

　　黒字倒産とは、利益はあげているのに、材料代などの代金を支払うお金がなくて行き詰まることです。

1　「儲け」と「お金」は別ものである

　あるとき、部品を作っている小さな会社の社長さんが駆けこんできました。

　「税務署の人が、税金を払えというのですが、金庫にはそのお金がありません。払うのは無理と言ったのですが」。注文が多く、仕事も忙しいメーカーです。

　早速会社に行って帳簿などをよく調べてみるとわかりました。そこの若い社長は研究熱心な技術屋さんで、売上が増え、お金が入ってくると、つぎつぎと新鋭の機械設備を買い足していたのです。それで、金庫の中はいつも空っぽです。現実に金庫の中にお金は残っていないのに税金だけは払うべしという理屈がおかしいと技術屋さんは考えたわけです。

　図表1-21で、営業活動の結果20の利益は確かに出ています。ところが、機械を買うのに45払ってしまったので、手元の現金は5しかありません。これでは、仕事を始めるときに持っていた元手の30にまで食いこんでいます。次の仕入代金にも足りませんし、利益20にかかってくる税金も納めるのは無理です。つまり明らかに"利益イコール現金"ではないのです。

2　今日払うお金がいる

　夕方には給料袋が手に入ることが確かなのに、同僚と出かけた昼食のそば屋で、財布を覗いたら文なしで立ち往生という経験はありませんか。夕方ではなく「いま」払うお金がないとだめなのです。

　会社も同じことです。いくら月末に売上代金を一度に払ってもらえるといっても、20日の給料日にそれだけの資金手当（金庫あるいは銀行にお金があ

【図表1-21　現金の出入と利益】

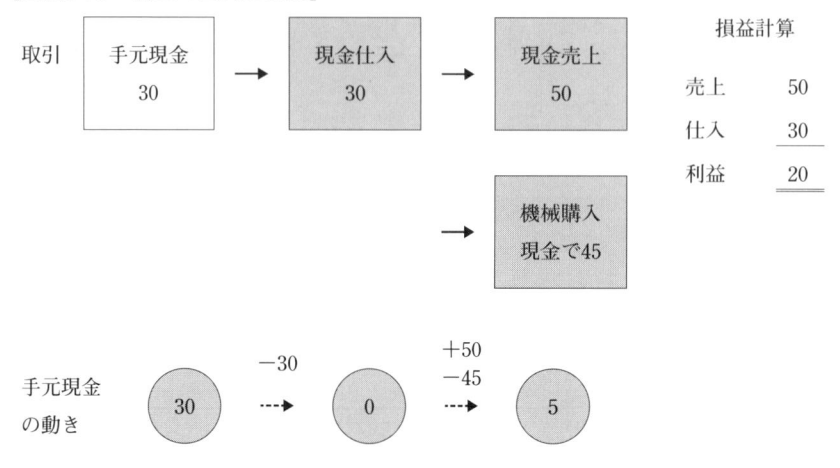

取引　手元現金30 → 現金仕入30 → 現金売上50

　　　　　　　　　　　　　　　　→ 機械購入現金で45

損益計算
売上　50
仕入　30
利益　20

手元現金の動き　30 －30→ 0 ＋50／－45→ 5

る）ができてないと、会社はお手上げです。

　とくに、支払手形（○月×日に現金で払いますという約束証文）を相手に渡しておきながら、その「○月×日」に現金の準備ができていないと、不渡手形（ふわたりてがた）を出したことになり、銀行取引、客先取引停止になりかねません。

3　きめ細かい資金繰り表を作る

　家計を預かるお母さんは、家計簿と財布の中味を終始にらみ合わせています。今日の午後は新聞代の集金日とわかっていたら、午前中スーパーの買物を減らしても、新聞代を残しておくでしょう。

　会社の財務も、何時、何を、いくら払うか、どこで、いくら入金があるかの計算を、細かく作っています。営業活動で入ってくる資金、仕入や経費支払いで出ていく資金、その結果月間の収支で資金が途切れそうなら、銀行からつなぎの資金調達をします。

　もちろん、予算を立てたら、実績と対比して、次は資金の動きのどこを改善したらいいのかのデータにします。（図表1-22）

　なお、全体の資金の流れを表わすキャッシュフロー計算書（C/F）は、この資金繰り表と少し異なる視点に立つものです。（☞C/Fについては、Q9参照）

【図表1-22　簡単な資金繰り表】

		5月予算
前月繰越高		50
収入	現金回収	100
	受取手形取立	40
	計	140
支出	商品仕入	50
	支払手形決済	60
	給与支払い	20
	経費支払い	30
	設備購入	5
	計	165
調達	借入金	20
翌月繰越高		45

みちくさ③
タンス預金の奨め

　銀行の預金金利が、過去最低レベルに張りついて動かない。やっと貯めた100万円を定期預金にすると、利率は0.05％。1年後に受け取る利子は500円である。少し気の利いた喫茶店で飲むコーヒー代にも足りない。

　それでいて、住宅ローンでも借りるとなったら、この何十倍もの利子を払うことになる。学問的金融論からいうと、きっとそれなりの理屈はあるのだろうが、庶民的感覚論からはどうも割り切れない。

　どうせ預けてもコーヒー1杯にしかならない。しかもペイオフとやらで、預けておいた預金が100％戻ってくる保証もなくなった。銀行が抱える不良債権はどこまで行ってもなくならぬ。

　これはもう、いったん預金全部を引き出して、タンス預金にするのが賢いのかもしれない。それで全部の銀行が困り、改めて自由競争のサービスに目覚めるようなら、これほどよいことはない。

14 社債ってどういうもの

Q 「T電社の社債を買いませんか」と証券会社に奨められました。社債は、株式とはまた別のものですか。

Answer Point
　一般から広く資金を集めるために会社が発行する債券です。会社にとっては借金の一種ですから、利息を払い、期日が来たら必ず返済することになっています。

1　広く求める借入金

　会社が仕事に必要な資金を集める方法はいろいろあります。一番基本的なのは株主に出資して貰うことです。一般的なのは資金運用を商売にしている銀行から借りる方法です。

　それぞれ一長一短があって、どちらが会社にトクかはきめられません。その両者の中間をいくような資金調達の手段が社債発行です。(図表1-23)

(1)　広く

　電力会社などは、多額の設備投資が必要です。もちろん銀行からの借入もありますが、それでなお足りないときは、広く一般の人（あるいは一般の会社）にまで、資金調達を求めます。

　それが社債という形で、証券会社を通じて、たとえば個人のサラリーマンであるAさんにも売られるのです。Aさんは、券面額100万円の社債を受け取り、代わりにT電社に100万円を貸したといっていいでしょう。

(2)　長く

　銀行からの借入は、会社の必要に応じて長期短期いろいろです。賞与を支給する12月に1か月間だけという借り方もあります。社債は主に設備にあてられる資金なので、7年とか10年とか長期間の借入になります。会社にとっては、安心してゆっくり利用できる資金といえます。社債公募に応じた人は、長期覚悟の出資ですが、社債売買の市場があるので、期間の途中で売却して資金回収することもできます。

(3)　利付

　社債は7年1.0%というように、期間中一定の利率で利息が支払われます。

【図表1-23　資金調達の違い】

		株　式	社　債
1	相手	株主	一般（企業・個人）
2	期間	無期限	長期間だけれど期限あり
3	果実	配当。無配のこともある	一定利率付。赤字でも利払いあり
4	返済	なし	満期返済
5	換金性	市場売買あり	市場売買あり

　株式配当は、会社の業績次第で多かったり少なかったりします。赤字で無配のことすらあります。
　しかし、社債はそういうことがありませんから、持主はきまった利子収入を期待できます。

2　確実に返してもらえるか

　株主の出資は、いわば出しっ放しのものです。
　会社は株主のもの、会社と株主は同体ですから、会社が潰れてしまったら、株主には何も戻ってきません。
　ここが社債は違っています。社債は原則として、約束期間が過ぎたら（満期）元本額を返すのです。ただ、長い期間のことですから、会社の財政状態が悪くなって、全額を返済できないようなことも起り得ます。
　そういう外部の人の心配に対応するために、会社は「格付」を受けます。このため社債の発行会社の財務状況を調査し、将来にわたって社債の返済がきちんとできるかどうかの判定を仕事にしている会社があります。
　アメリカのスタンダード・アンド・プアーズとか、ムーディーズというのは代表的格付会社です。そこでAAとかBといったランク付が行われると、投資家は、安全性の高いAA格の社債に投資しようとか、格付は少し低くてBだけれど、利率が高い社債を選ぼうとか、好みの選択判断をすることができます。
　なお、社債には転換社債（Convertible Bond）といって、社債であることは同じですが、場合によっては株式に姿を変え、証券市場で売買される性格を持ったものがあります。

15 火災損失の経理の扱いは

Q 思わぬ事故で火災が発生し、工場が丸焼けになりました。こんなときの大損失は、経理でどう扱うのでしょうか。

Answer Point

　　臨時巨額の費用が発生したときには、会社の本来の営業活動を表す数字と区分し、特別損失で例外取引として処理します。

1　臨時の費用は別扱い

　台所の冷蔵庫がこわれて急に買い換えたいというとき、家計簿を預かる奥さんはどうするでしょう。10万円もする臨時の費用を、月々の家計簿から出すのは無理です。また、それで今月の家計簿は赤字になったといっても、家計運営のやりくりが下手だったということにはつながりません。

　会社の経理も同じことです。工場が火事で大きな損失が生じたようなとき、これはたまたま起きた特別な事柄ですから、通常の経理とは区別して扱います。つまり、損益計算書を、「経常損益の部」と「特別損益の部」に分けるのです。

　経常損益では、商品を売ったり、研究開発をしたり、あるいは借入金利息を払ったりという、会社本来の活動サイクルにかかる取引が記録されます。しかし、火災のような臨時巨額の費用発生を、損益計算にそのまま入れると、会社活動の本当の姿がわかりにくくなります。

　そこで、経常利益でいったん今期の業績を締めくくったあと、特別損益の区分を設けて、例外取引を表すようにしました。(図表1-24)

2　特別扱いされる項目は

(1)　固定資産売却損益

　製造の設備機械を更新のため、処分して売却差益（損）が出た場合は、営業の外の出来事です。ただ、金型のように、普段から定期的に更新されるものは別です。あくまで、特例で金額も大きい場合に限られます。

(2)　長期保有株式の売却損益

"売るつもりはなし"で持っていた関係先の株式を、事情が生じて止むなく処分した場合の損益は特別項目です。

(3) 火災による損失

火事や台風の被害は、会社活動の外で起きたことですから、これも通常の損益計算の欄外におきます。

(4) 前期損益修正

これまでの減価償却が多すぎたとか、退職給付引当金が足りなくて、今期にその修正埋め合わせをする場合、それは過去の損益修正ですから、今期の決算書では特別の枠に入れます。

【図表1-24　特別損益の表示】

損益計算書

売上高		5,200
〜（略）		〜
（経常利益）		500
特別利益		
有価証券売却益		80
特別損失		
固定資産除却損	60	
工場火災損	110	170
（税引前当期利益）		410

3　思わぬ落とし穴がある

特別損益の項目は、通常でないしかも金額の大きい事柄が載るので、注意して読むと会社の異常がわかることがあります。

たとえば、本社建物を売って10億円の特別利益が計上されていたら、なぜ、いま本社屋を売らねばならないのか。そこまでして、10億円の特別利益を稼ぐ本当の理由は何かという疑問が起きます。もしかしたら、会社は業績不振で資金が行き詰っているのかもしれません。

また、今期になって、突然に減価償却を増加し、前期損益を修正したのは、前期の償却を故意に少なく計算して、決算書を粉飾していたとも考えられます。こういう余計な詮索を受けるのが迷惑なので、会社はあまり特別損益項目の表示をしたくありません。それだけに、折角開示された項目は、内容と金額の意味合いをしっかり読みとりたいものです。

4　経常利益との段階区分

営業活動と、資金活動までを含めた損益が経常利益として表されます。ここまでが、会社の通常の働きですから、経常利益を最重視する投資家が多いのです。このために、本来、営業外費用で処理すべき事項を、特別損の段階に移して、経常利益を多くみせることがありますので、要注意です。

16 会社も税金を払っているの

Q サラリーマンの給料袋からは税金がたくさん引いてありますが、会社も同じように税金を払っているのですか。

Answer Point

　会社はその年度の所得に対して原則30％の法人税を納めます。赤字決算なら、その年度の納税はありません。

1　利益に応じた税金を納める

　サラリーマンは給料の額に対応して個人所得税が課せられます。累進税率といって、給料が多いほど税率が高くなります。たとえば1,800万円／年間（諸控除後）を超える分の税率は37％です。会社はもちろん、国に税金を納めます。そして課税のもとは、個人と同じく会社の収入です。といっても、売上収入そのものではなく、売上原価や経費を差し引いた残りの利益に対して税金がかかってくるのです。税法用語でもう少し正確にいうと、「益金－損金＝課税所得」がいわゆる法人税の課税対象になります。

　本来は、株主総会で承認された会社の決算書に載っている「当期利益」をベースにしたものですが、国の財政や租税政策上の理由で、企業会計が計算して、株主総会で承認確定された当期利益と、税務会計の課税所得は必ずしも一致しません。そこで、「収益－費用＝利益」の計算を税務の視点から調整して、納税計算のための課税所得を算出する作業が必要になります。

　税金のたて前は、個人も会社も、収入利益に基づく税額の計算を自分で行い、自分の手で納税もすませるという自主申告納税です。ところが、この利益調整計算と納税の手続きは少し面倒なので、多くの会社では毎期、税理士の先生に依頼して、税務申告書を作成して貰うようにしています。

2　課税所得（利益）の30％が税金

　個人所得の税率は10％～37％まで4段階ですが、会社の法人税率は原則30％です。ただ、資本金1億円以下の会社については、年間利益のうち800万円以下の部分は22％の軽減税率が適用されます。

資本金5,000万円の会社が利益（税務調整後の課税所得）2,000万円をあげたときの法人税額は、図表1-25のようになります。実効税率（利益に対して実際にかかってくる税金の割合）は、この場合26.8％となり、原則30％より軽く計算されることになります。

原則税率30％は、不変のものではなく、その時々の経済事情で随分上がったり下がったりします。国の財政が苦しいと、税率を上げて税収増加をはかりますし、不景気が続くと税金を軽くして会社活動を頑張らせようとします。戦後税制の中でみても、法人税率は43.3％から30％までの幅で動いています。

【図表1-25 利益と税金】
（資本金1億円以下）

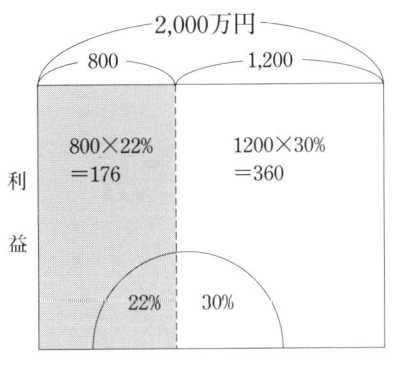

```
            2,000万円
      800          1,200
利   800×22%      1200×30%
益    =176         =360

      22%          30%
```

税額合計　176＋360＝536万円

実効税率　$\dfrac{536}{2,000}$＝26.8％

3　会社と税務の見解の相違

　納税は憲法で明文化された国民の義務です。それでもやはり少ないに越したことはないと誰でも考えるでしょう。会社も経理はきちんとやりますが、余計な税金は払いたくありません。

　一方、税務当局のほうは、納税者皆に公平に税法が適用されるようにという立場から、会社の経理処理を厳しく見直します。会社が納税した後、会社に出向いて伝票や帳簿を調べ直し、納税計算が正しく行われているかどうかをチェックするのです。これが税務調査といわれるものですが、会社は費用だと考えているのに、税務はそれは損金ではないと主張して、しばしば意見が食い違います。会社が適正な会計処理で筋を通した決算を行い、税務がそれを尊重した課税をするようになれば、納税と税務調査に費やされるエネルギーは随分少なくてすむはずです。ただ、ある統計によると、日本の会社約250万社のうち赤字決算で税金を納めていない会社が70％もあるそうです。そんなことでは日本の経済自体が持たないはずですが、世の中一般の納税意識がまだ高いとはいえないことも確かです。

17 法人税のほかにも税金がかかるの

Q 会社は法人税を納めたらそれでお終いですか。あるいはほかにも税金がかかりますか。

Answer Point

　法人税のほかにも、会社の仕事に関連して消費税・住民税・事業税・固定資産税・印紙税など、いろいろの税金がかかります。

1　まず住民税と事業税がかかる

　法人税は、利益にかかってくるもので、会社が納める基本の税金です。税率も、原則30％ですから、少なくはありません。しかし、これだけで全部ではありません。町で暮らしている個人に市民税や固定資産税など所得税以外のいろいろな税金がかかってくるように、活動主体である会社（法人）にもその他各種の税金が関係してきます。

(1) 住民税

　会社は町に住んで仕事をしているわけですから、その町の公共費用を分担すべきでしょう。それが住民税です。町といっても「京都府京都市」の住民だと、府（県）市（町村）の両方にまたがっています。住民税もその両方に納めます。

　住民税は、均等割（資本金、従業員数によって定額）と、法人税割（法人税に対して定率）を合わせたものです（図表1-26）。

　法人税は利益×30％が原則ですから、県民税・市民税を合わせると、標準税率5＋12.3＝17.3％は利益に対して30％×17.3％＝5.2％の割合になります。

　また、住民税は、法人税と同じように、利益のうちから支払われるものですから、納税額を費用（損金）として処理することはできません。

(2) 事業税

　工場や本社を置いて仕事をしている府県に納める税金です。課税ベースは原則として利益ですが、電気・ガス業のように、売上に金額課税されるケースもあります。

　基本税率は、利益×9.6％です。計算された税額は、各事業部の従業員数の割合で各府県に分割納税されます。

法人税・住民税と大きく異なるのは、事業税は同じ税金でも損益計算上費用として処理できることです。

　ここまでを加えると、会社は利益に対して法人税30％＋住民税5.2％＋事業税9.6％＝44.8％の税金を納めることになります。

　「儲けの半分は税金に持っていかれる」という嘆きも聞こえますが、それに近い数字です。

2　その他にもいろいろある

(1)　消費税
　八百屋さんで大根1本を買ってもかかってくる5％の消費税は、会社の取引にもすべて関係してきます。商品を仕入れたとき、それを売ったとき、双方で消費税の処理が必要ですから、ややこしい税金です。

(2)　固定資産税
　1月1日現在の建物や機械にかかってくる税金で、納める相手は市町村です。

(3)　印紙税
　取引書類に貼ることで税金を納めたことになります。国税ですから、印紙の貼り忘れ（納税モレ）があると、きつく罰せられます。

(4)　登録免許税
　工場を立てたり、取締役が替わったり、資本金が増えたりしたときは、法務局に税金を納めて登録します。

(5)　その他
　自動車税　事業所税　酒税などいろいろな税金が会社の各関係部門で発生しています。多くのものは、損益計算書の中で租税課金ということで費用処理されています。

【図表1-26　住民税の計算】

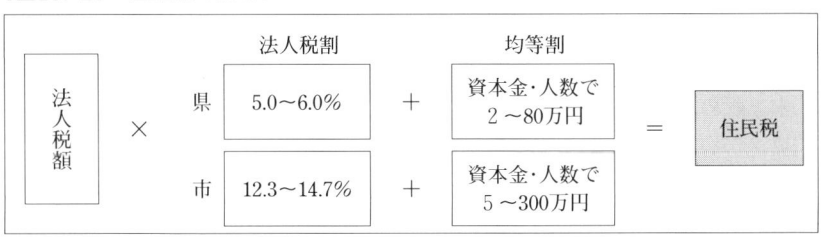

法人税額	×	県	法人税割 5.0〜6.0％	＋	均等割 資本金・人数で2〜80万円	＝	住民税
		市	12.3〜14.7％	＋	資本金・人数で5〜300万円		

18 脱税と節税の違い・脱税のペナルティは

Q 脱税と節税は別のことですか。また脱税すると、どんな罰がありますか。

Answer Point

　脱税には重いペナルティーが課されます。税法の仕組みをよく知って、誤りなく取り入れ、正しい納税をすることは、当然会社経理として実行すべきことです。

1　納税は国民の義務である

　「税金」というのは、洋の東西を問わず、そして昔も今も嫌われ者の筆頭にあげられているようです。バイブルには税収吏の話が出ています。中国では、人喰い虎より税金のほうが怖いからと、隣国に移りたがらなかった老婆の話が伝わっています。だから多くの人は「税金を取られた」と表現します。

　しかし、税金は"取られる"ものではなく、"収める"ものなのです。たいていの人が気づかないでいますが、日本国憲法にはちゃんとこう書いてあります。

　「第30条　国民は、法律の定めるところにより、納税の義務を負ふ」

　欲張り領主や、悪徳代官のように、思いつくまま、自分勝手な税金はもちろん禁止です。しかし、きちんと国会の議論を通って決められた税金は、国民として納める義務があると明記してあります。

　それを嫌って、納税を逃れるようなことをするのは、まず憲法違反です。金額が大きく、やり方が故意悪質で、社会秩序を壊すような脱税には、裁判で懲役ということもあります。

　そこまでいかなくても、本来納めるべき税金を納めなかった、足りなかった、遅れたという場合には次のようなペナルティが加えられます。(図表1-27)

　本来収めるべき税額が少な過ぎて、後から追加で納めるときは原則10%の加算税がつきます。期限までに、申告納税していないような場合は、少しペナルティが重くて、15%です。

　最も重いのは、会社がわざと売上を隠したり、架空経費で利益を少なく計

算した場合です。これが税務調査で見つかって悪質な脱税と判断されると、重加算税としてさらに25％が上積みされます。無申告の重加算税だと40％ですから、本来税額の４割増で納税することになります。

2　知らずに損することは許されない

　税法には血も涙もあります。中小企業の税負担を軽くしたり、新技術を取り入れた会社の割増償却を認めたり、いろいろな細かい心遣いもあるのです。ただ、それをしっかり理解して、会社の会計処理に組み入れないと、折角用意された税法の特典が受けられません。

　"ちゃんと認められている貸倒引当金を立てなかった""取立てが難しい売掛金の貸倒証明資料がそろっていなかった"あるいは"取締役の退職金支払いの処理法を誤った"──こういうことは、すべて会社で税務を担当する経理の人の勉強不足から起きるミスです。

　そのミスは納めなくてよかったはずの余分な税金を支払うことに直結します。それだけ会社に損害を与えたわけで、経理のプロとしては恥ずかしいことです。

　こういう税法の仕組みをよく知って、誤りなく経理に取り入れ、税金を軽くすることは、もちろん脱税ではありません。節税というのでもなく、当然会社経理として実行すべきことです。それができなかった場合には、無駄に資金を流出して会社の株主に申し訳ないことをしたと言うべきでしょう。

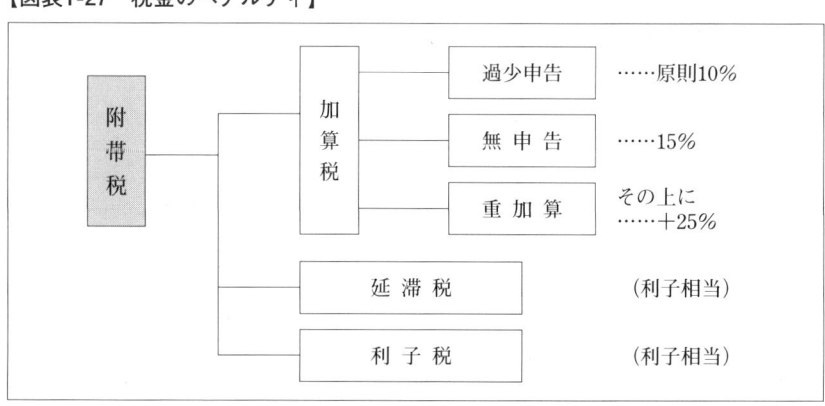

【図表1-27　税金のペナルティ】

```
                    ┌─── 過少申告 ……原則10％
          ┌─ 加算税 ─┼─── 無申告  ……15％
附帯税 ───┤          └─── 重加算   その上に……＋25％
          ├─ 延滞税           （利子相当）
          └─ 利子税           （利子相当）
```

19 利子と配当の違いは

Q 会社が支払っている利子と配当はどこが違うのですか。

Answer Point

借入金に支払われる利子は費用処理（支払った分については税金が軽くなる）をするのに対し、配当金は利益処分（税金がかけられた後）の扱いになります。

1 利子は費用になり、配当は利益から出る

会社が仕事に使う資金を調達する方法は、いろいろあります。在庫を減らすことでも資金は手に入るのです。しかし、最も直接的な方法は、外部からお金を借りることと、株主から新しい出資をしてもらうことです。ただし、会社に入ってくるお金の色はどちらも同じですが、その性格は大きく異なっています。

株主に出してもらった資本金は、いわば無期限で返戻なしです。銀行からの借入金は、約定書で返済期限がきっちりきめられ、万一の場合の担保まで差し入れるのが普通です。

さて、借入金に対しては利子が、出資に対しては配当が支払われます。どちらも、調達された資金の利用料（コスト）と考えたらいいでしょう。そし

【図表1-28 利子と配当の違い】

		利　子	配　当
1	元本	借入金	資本金
2	率	金融相場による	配当政策による
		法的上限あり	0〜無制限
3	支払時期	約定による	決算期ごと
4	決定	〃	株主総会
5	経理処理	費用処理	利益処分
		（営業外費用）	
6	税務	損金算入（非課税）	損金不算入（課税）

て、利子も配当も、会社の同じ金庫から、同じ色のお金で出ていくのですが、そのあとの経理の扱いがまるで違っているのです。

図表1-28の両者比較で一番大事なのは、利子は損益計算の上で費用処理されるのに、配当金は損益計算がすんだあとの、利益処分（株主総会できまる）で支払われることです。その結果、利子は払ったら税務上も損金に計算されて、その分税金も軽くなります。つまり、会社にとって実質利子は、約定利率の約60％ですむわけです。（図表1-29）

配当金のほうは、税金を納めた後、残った利益の中からの配分ですから、まるまるの資金流出です。

【図表1-29　利子の実質負担】

借入金	100百万円
利率	5％
支払利子	500万円
↓	
利益減	500万円
税金減	500×40％＝200万円
実質利子	500－200＝300万円

【図表1-30】 (単位100億円)

	S製鉄	T電力
資本金	42	68
有利子負債	201	900

(2002年3月)

2　設備産業は、配当より利子を選んだ

戦後日本経済が復興し、急成長する過程で、産業基盤となったのは、鉄鋼や電力です。そして両者とも大きな設備投資を必要としました。次々と巨額資金の調達が行われましたが、増資と借入とどちらがやりやすかったかというと、後者だったのです。借入は銀行からだけでなく、社債という形で広く一般の事業会社や個人からも調達できました。そのうえ、借入金の利子負担は税金軽減で表面利率の半分ぐらいですんだのです。

図表1-30に、代表的設備産業企業の数字を例示しておきます。

現在の経済状況では少し事情が変わりました。不況の中で銀行は本来業務の融資を厳しく絞っています。一方、資本調達市場は規制が少なくなり、優秀な企業は多額の資金を広い範囲から容易に集めることができます。利子と配当の有利性は逆転しているのかもしれません。

会社の立場からは、配当も資金コストとして、利子と同じように費用処理できればいいのです。そうなれば、ものごとはわかりやすくなります。

この方向で商法や税法が改正されると、会計も前進すると考えます。

20 借金の実効金利ってどういう意味

Q 銀行から利率5％で3,000万円借りています。実効金利はもっと高くついていると友人にいわれましたが、なぜですか。

Answer Point

　銀行に対する預金と借金を考え合わせ、会社が実際に仕事に使える資金量について銀行に支払う実質金利のことです。

1　借りるのは高く、預けるのは低い

　銀行から借金していても、預金通帳の残高が0というわけではありません。会社の毎日の仕事では、お金が出たり入ったり流れています。その流れに必要な運転資金が最低でも銀行勘定に残っています。

　さらに、銀行借入の交渉をしていると、「3,000万円は貸してあげるが、すぐに全部使ってしまわずに、500万円ぐらいは定期預金で残しておいてはどうか」というような話し合いになることがあります。確かに、500万円を使うのは1年先だから、当座預金で遊ばせておくより、利子のつく定期預金にしておくほうがトクだという計算ができます。そこで、3,000万円は借りる。そのうち500万円は定期預金に預ける。こうしたら、会社の損得は本当のところどうなるでしょう。

　銀行の側からみて、貸出金利のほうが預金金利より高いのはもちろんです。前者はいわば売値で、後者は仕入値ですから、差があって当然です。

2　使える資金のコストが本当の金利

　さて、会社が実際に、手に入れて仕事に使える資金量は、定期預金分を除いた2,500万円です。そのうえで、会社の勘定から銀行に支払われる金利は、これも実際は145万円です。2,500万円の実効金利は5.8％といっていいでしょう。（図表1-31）

【図表1-31　実効金利の計算】

$$実効金利 = \frac{支払利息 - 受取利息}{使える資金量}$$

$$= \frac{30,000 \times 5\% - 5,000 \times 1\%}{30,000 - 5,000}$$

$$= 5.8\%$$

（利率は仮数値）

21 含み益ってどういうこと

Q この会社は含み益があるから安全だとか、含み損があって危ないなどと書かれていますが、どういうことですか。

Answer Point

　土地や建物、あるいは株式を含む有価証券などの帳簿価格以上の値打ちを含み益といいます。

1　水面下に隠された宝物、あるいは爆弾

　船が難破して無人島に流れ着くと、一見ひ弱そうに見える女性のほうが、たくましそうな男性よりも長く生き延びるそうです。これは皮ふの下に生命維持エネルギーをたくさん蓄えているからといわれます。つまり、含みの体力と考えてもいいでしょう。

　かつて繁栄した紡績会社のトップが、将来を案じる社員に「心配するな。土地を１か所売ったら君達の給料１年分は払える」と言いました。会社が昔買った郊外の広い工場用土地は、市街区域が広がって住宅地になり、びっくりするほど値上がりしていたのです。業績がいくら悪くても、遊休化したこの土地を１区画売れば、給料を払うぐらいのお金は簡単に手に入るというわけです。

　ところが、会社の決算書に載っている「土地」勘定は、何十年も昔に買ったときのびっくりするほど低い簿価のままです。古い会社の例では、土地の帳簿価額が１坪１円のままというような、嘘のような話があります。それでは貸借対照表は会社の正しい財産状態を表していないではないかといわれそうです。

　実は、これまでの会計は、取得原価主義といって、土地建物や、商品材料などはすべて買った数値を帳簿につけ、処分あるいは売却するまではそのままで通す約束でした。だから、この紡績会社のように、帳簿上は10万円（１万坪）の土地が実は時価100億円だということがあるのです。

　といっても、実際に外部にその土地を売らなければ、「100億円」が実現するわけではありません。それを考えると、いまの状態ままで帳簿を時価に合

わせて「土地100億円」と書くのが正しいかどうかは少し問題があります。ただ、この土地が決算書表面の数字以上の値うちを「含み益」で持っていることは確かです。

　一方、バブル経済の時期に投資目的で土地に手を出した会社があります。工場用地という仕事目的ではなく、単なる投機目的として土地を買い入れたのです。ところが値下がりはないという土地神話が崩れて、この10年の間に地価は1／2とか1／3になりました。それでも決算書上の「土地勘定」は購入時の価格のままです。こちらは売れば損するのですから「含み損」を抱えていることになります。

　土地の場合は、含み益にしても含み損にしても金額が大きくなります。含みが益だから構わないというわけではありません。不確定な利益をあてにして、うわついた経営をするのが心配です。含み損がある場合は、何時、どこで、その損が現実のものとなるかわからないままの経営ですから、非常に危険です。

2　ではどうしたらいいか

　含み損益は、会計処理で表に出すべきだという意見があります。決算書を作る期末日現在（たとえば3月31日）の時点で会社の財産を評価し直そうという時価主義です。評価の結果生じた損益額も、場合によっては損益計算におりこみます。

　株式など有価証券については、すでに国際会計基準に従い、時価で貸借対照表に載せることになっています。ただ、証券取引所に上場されている株式の値段は毎日変わります。投資家が決算書を手にしてみる時点では、もう評価額が動いています。

　現在使われている土地や建物などを正確な時価で評価し直すのは難しいことがあります。同じ面積の土地でも、その上に現在の建物がのっているかどうかでも評価は異なります。何が適正な時価かというところから問い直さないといけないからです。

　非上場、非公開の会社だったら、決算書は取得原価主義で通しながら、土地、株式、建物、債権、債務各財産について、問題があるものには、考えられる評価差額を根拠をつけて注記するのがいい方法だと思います。

22 連結決算・納税を導入するとどうなるの

Q 出資割合100％の関連会社が3社あります。最近、連結決算とか連結納税ということをいわれますが、そうするほうがいいですか。

Answer Point

　　　中小企業でも、関連の子会社を持っていれば、正規の連結手順を取り入れるほうが、将来のためです。

1　連結決算でグループ成績をみる

　会社の仕事は規模が大きくなり、中味も複雑になってきました。一方でグローバル化が進み、世界を相手にする仕事も増えています。それに従って、親会社が、仕事につながる関連会社、子会社を周囲に持つことも多くなりました。

　この場合、親会社だけの決算書をみるよりも、親・子会社を合わせた連結決算書をみるほうが、グループ全体の成績、状況を正しく判断できます。また、グループの中での親会社の働きを理解するのにも役立ちます。

　欧米では早くから会社の連結決算が行われていました。日本では、商法や税法の規制があって遅れていたのですが、上場会社などでは、連結決算を中心に企業会計を進めるように切り替えました。

　中小企業でも、関連の子会社を持っていれば、国際会計基準による正規の連結手順をすすんで取り入れるほうが、将来のためです。

2　連結の手順はお互いの間の取引を消すこと

(1)　投資と資本

　親会社の投資と、子会社の資本勘定を相殺します。子会社に外部株主がいる場合は、その持分だけ別計算になります。

(2)　債権と債務

　親・子会社の間の売掛金、貸付金と借入金などは、グループ全体としては相殺されて消えます。

(3)　売上と仕入

子会社から親会社への売上など、グループ内部の取引はなかったものとして消去されます。土地、建物を売買したり、賃貸借する取引も連結決算の中では消去の対象です。

以上を整理すると、図表1-32のようになります。

3　連結納税は、グループ利益に課税

親子会社でも、税金は別々に納めてきましたが。2002年からグループ利益でまとめて税金を計算し納税してもいいことになりました。

いまの税法では、利益が出た会社はもちろん見合った税金を納めますが、赤字の会社は原則としてその年の税金０です。これが連結決算になると、グループ内の会社の損益は通算され、赤字会社の損失分だけは税金が少なくてすむことになります。グループ利益に対する課税としてはこのほうが合理的です。(図表1-33)

ただし、連結納税の計算は、連結利益そのものに課税するのではなく、対象会社の個別利益に税務調整を加えたうえでの、少し複雑な仕組みになっています。

また、連結納税で予想される税金減収を補うために、２年間に限って２％の連結付加税が上のせされますので、この制度を採用する会社は前もっての検討が大事です。

【図表1-32　連結の手順】

〔投資・債権・債務の消去〕

子会社B　　　　　　　親会社A
A借入金10　←消去→　B貸付金10
資本金30　　←消去→　B株30

〔売上取引の消去〕

売上30　　売上50
B社　→　A社　→　客先
　　　消去
　　　←
　　　仕入30

【図表1-33　連結納税と赤字決算】

	親会社	子会社	連結
売上	200	100	300
原価	150	120	270
利益	50	△20	30
税金	20	0	12

② 企画部門の経理に関する疑問Q＆A

- Q23 設備投資の限度はどうきめるの
- Q24 赤字と黒字の分かれ目は
- Q25 機械化と人手とではどちらがトク
- Q26 ＲＯＥってなに
- Q27 基本的な経営指標ってなに
- Q28 商売には自己資金と借金のどちらがいいの
- Q29 準備資金の蓄えはどのくらいがいいの
- Q30 事業部制・カンパニー制ってどういうこと
- Q31 独算制のメリットは
- Q32 親子会社の関係・メリットは
- Q33 社内金利の賦課・負担はどうするの
- Q34 本社費の振替えは必要なの
- Q35 ペイオフに対処するには
- Q36 国際会計基準で変わるのはなに

23 設備投資の限度はどうきめるの

Q 銀行から借入れして、新しい設備投資をしたいのですが、限度はどれくらいですか。

Answer Point

最も控え目に、他に頼らずに設備投資できる範囲は「利益＋償却費」ですが、固定長期適合率が、80～90％に納まるぐらいの借入に止めておくのが財務的安全策です。

1 まず余裕のお金で設備投資する

車や冷蔵庫の買い替えに借金までするのは、あまり健全な家計とはいえません。支払いに10か月ローンを組むのも借金には違いありませんが、それはボーナスを含めた年間収入の中で検討した結果でしょう。つまり、ここまでは自分の懐の内での勘定です。

会社が自分の懐だけで機械など設備投資をまかなうとしたら、どこが限度でしょう。設備購入は商品仕入、売上という通常の営業サイクルの外にあるものですから、まずは余裕のお金を当てることにします。会社に生じた資金の余裕というのは、当期に得られた利益です。つまり、毎年の利益範囲内のお金を次期の設備投入あてていたら、営業サイクルに回る資金が窮屈になることはありません。

もう少し見方を変えて、これを資金の流れ（キャッシュフロー）の面から考えます。決算書の利益は、手元で増えた現金と必ずしも同額ではありません。たとえば、減価償却は費用として損益計算におりこまれます。その分利益は減っています。ところが減価償却は、単なる会計上の処理であって、給料や電気代のように実際にお金が出ていくわけではありません。

とすると、「決算後利益額＋当期減価償却費」だけ金庫のお金は増えているわけです。最も控え目に、他に頼らずに設備投資できる範囲は「利益＋償却費」としておきます。

2 自分のお金に見合うところまで

会社で自分のお金というのは、貸借対照表の区分「資本の部」（株主資本、

自己資本)のことです。この部分は、株主に出してもらった資金と、利益からの内部留保ですから、誰にも返す必要がありません。将来にわたり、ずっと使える資金です。(図表2-1)

一方、建物、機械などは、長期間使用するものですから、そこに資金の固まりが滞っているわけです。してみると、設備など固定資産は、返済不要の株主資本でまかなうのが安全なやり方といえます。

次の固定比率を計算してみて、100％以下ならまず設備投資は健全な範囲内です。

【図表2-1】

B/S

流動資産	流動負債
	固定負債
固定資産	株主資本

$$固定比率 = \frac{固定資産}{株主資本}$$

3 採算計画にのるなら長期借入れで

銀行借入れをして大きな設備投資をする場合は、投資採算計画(売上、生産性、償却費、利子など)のうえに、借入金返済の資金計画が必要です。世の中には、過大投資の結果、そこそこ売上は増えながら、肝心の借金が返せなくて潰れる会社も多いのです。

この場合の借入目安は、次の固定長期適合率です。

$$固定長期適合率 = \frac{固定資産}{株主資本 + 固定負債}$$

株主資本の上に、長期資金である固定負債を上積みして、固定資産と比べます。5年、10年と返済期限の長い資金は設備に回しても安全だという見方です。固定負債には、長期借入金、社債、退職給付引当金ぐらいまでを含めます。この比率は製造業平均で75％ぐらいです。いちがいにはいえませんが、固定長期適合率が、80～90％に納まるぐらいの借入に止めておくのが財務的安全策です。

4 設備投資したら後追いチェックを

多額の資産を借り入れして、新しい機械設備をしたときには、借金を返せるかの心配はもちろんですが、その新鋭設備が本当に計画どおりに稼働して、利益を生み出してくれているかのチェックも大事です。

24 赤字と黒字の分かれ目は

Q 社長は"頑張って売れ"と言うばかりです。どれだけ頑張れば会社は黒字になるのでしょうか。

Answer Point

売上が増えて、ここから先は黒字になるという転換点が「損益分岐点」です。売上高が固定費全部をカバーし、直接コストをカバーしたところで利益が生まれます。

1　ここから先で黒字になる

新しく店を開いて、少しずつ客が増え、売上も伸びてくると、3年目ぐらいから急に商売が楽になることがあります。これは店の売上コストの全部をまかなって、利益が残りはじめたからです。

売上が増えて、ここから先は黒字になるという転換点を「損益分岐点」と呼び、営業努力の具体的目標にすることがあります。

つまり、社長の"頑張れ"は、とりあえず「損益分岐点」を目指せということでしょう。

2　コストには変動費と固定費がある

小さなコーヒー店を開きました。コーヒー1杯には、豆10gと砂糖2gが材料として必要です。この場合の豆と砂糖は、コーヒーが10杯売れたら比例して100g、20g必要になります。このように、売上に比例して増減する材料（費用）を変動費と呼びます。部品代、加工費、運送費などは変動費です。

店を借りると家賃を払います。この家賃は店が繁盛しても、ガラ空きでも契約した一定額です。償却費、固定資産税、支払利子なども、売上に関係なくきまった額が発生します。このような性質をもつ費用を固定費といいます。

雇った人に払う給料も一応は固定費です。ただ、仕事が忙しくて残業手当が出たり、加工業で出来高に応じた歩合給を払う場合は、変動費的要素も加わります。

電気・水道料などは、一定量までは基本料金で、それ以上は使用量に比例します。広告費　研究開発費は、必ずしも売上の増減と直接に結びつきませ

ん。
　このように、コストの中には、変動費、固定費のどちらかに区分し難いものもあります。しかし、ある程度は割り切った判断でコストを振り分け、損益分岐点の計算に使うことにします。

3　損益分岐点（Break Even Point　ＢＥＰ）の公式

　コーヒー１杯の原価を計算したら200円になりました。これは変動費（Ｖ）です。これを店で１杯300円（Ｓ）で売ります。店の家賃＋電気代が10万円／月で、定額固定費（Ｆ）です。これで商売を始めたら、１日何人のお客さんに来てもらわないとコーヒー店は成立たないでしょう。

　図表2-3のＢＥＰ公式に数次をあてはめてみると、月30万円の売上で、丁度コストを回収し、家賃も払って損得なしになります。そこから先は、１杯売るごとに利益が300－200＝100円ずつ残る勘定です。

　つまり、最低でも売上額で30万円、コーヒーで1,000杯は売らないとだめです。月稼動25日とすると、１日40人以上のお客さんにきてほしい計算です。（図表2-2）

　図表2-4は、ＢＥＰを図表にしたものです。売上がＢＥＰ点30万円を超えたあと、右側の部分が利益です。

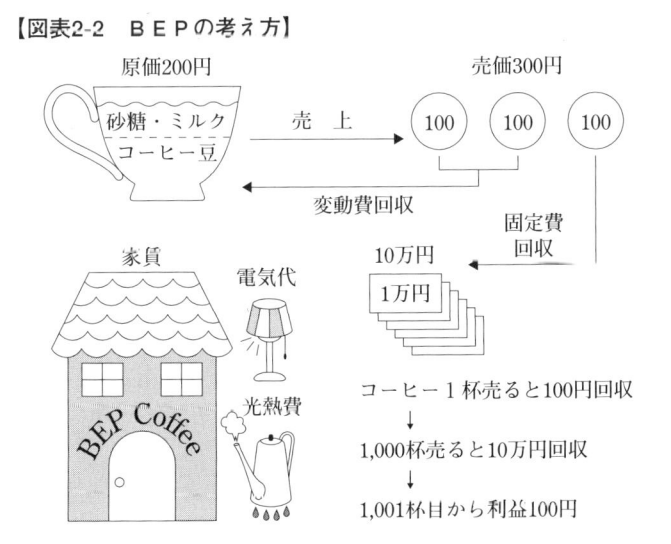

【図表2-2　ＢＥＰの考え方】

原価200円　　　　　　　　　　　売価300円
砂糖・ミルク　　売　上　　⟶　 (100)(100)(100)
コーヒー豆　　　　　　　　　　　　　　　　
　　　　　　　　変動費回収　⟵　　　　　　
　　　　　　　　　　　　　　　　　固定費
　　　　　　　　　　　　　10万円　回収
家賃　電気代　　　　　　　1万円
　　　　　　光熱費
　　　　　　　　　　　　　コーヒー１杯売ると100円回収
　　　　　　　　　　　　　↓
　　　　　　　　　　　　　1,000杯売ると10万円回収
　　　　　　　　　　　　　↓
　　　　　　　　　　　　　1,001杯目から利益100円

【図表2-3】

$$損益分岐点(BEP) = \frac{F}{1 + \frac{V}{S}}$$

S＝売上　　（コーヒー売価 300円）
V＝変動費　（コーヒー原価 200円）
F＝固定費　（家賃ほか 10万円）

$$コーヒー店のBEP = \frac{100,000}{1 + \frac{200}{300}}$$

$$= 300,000円$$

【図表2-4　損益分岐点図表】

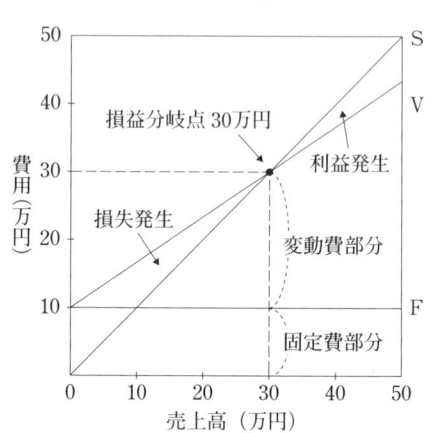

(損益分岐点図表：縦軸 費用(万円) 0〜50、横軸 売上高(万円) 0〜50、損益分岐点 30万円、利益発生、損失発生、変動費部分、固定費部分、S線、V線、F線)

この利益部分を広げるためには、
① 売上Sを右に移動（売上増大）させるか
② 変動費V線の傾き（V／S）を低くする（コスト改善）か
③ 固定費F線を下げる（経費削減）
の方法が考えられます。

つまり、ＢＥＰの図式を使うと、店の経営のどの部分にどんな工夫をしたら、どれだけの効果が出るか、大変わかりやすくなります。

ただ「頑張れ」でなく、社員の努力と成果の具体的目標を示すのは、社長の大きな仕事です。

4　ＢＥＰの位置率はどこにあるか

固定費、変動費の分類をきちんとやって、自社のＢＥＰは売上高に対して月間30万円ということがわかりました。そして、現在の売上実力が平均して月40万円とします。この場合、会社の実力がＢＥＰに対してどの程度にあるのかを比率で表します。

このコーヒー店では、ＢＥＰ位置率＝40万円÷30万円＝133％となります。この数字が110％ぐらいでは、売上が1割減ったら赤字転落ですから、安心はできません。

25 機械化と人手とではどちらがトク

Q 労働装備率を高くして生産効率を上げるため、組立工場に自動化機械を導入しようという計画があります。人海戦術とどちらがトクでしょう。

Answer Point

人海戦術と設備投資の経営戦略を、単なる算数で優劣判断すると、結果を誤るかもしれません。

1 何人分の働きをするか

昔の紡績工場や、家電製造工場では、低賃金だった女子社員が多勢並んで手作業の仕事をしていました。それで仕事の採算がとれたのです。いまでは、すっかり工場の仕組みが変わりました。技術進歩と、消費量拡大に見合って、大量生産方式が自動化されました。技術設備にお金をかけて、人手を省いたほうが採算に合うようになったのです。

図表2-5の計算では、給料と償却費だけを比べて、機械化有利となっていますが、考えておくべき要素はほかにもあります。人材費には、給料のほかに厚生費、保険料なども入ります。機械のほうは修繕費がかかるでしょう。その代わり忙しくなれば、夜昼なしで動かせます。もちろん、早くたくさん製品を作っても、市場で売れなければ何の役にも立ちません。

簡単にいえば、その設備で何人省力化できるかですが、そのうえに自動化による周辺事情の変化も考えた経営計画が必要です。

【図表2-5 簡単な採算比較】

- ・自動化機械　価格　1億円　　償却　5年間
  - ☆年間償却費　1億円÷5＝2,000万円・・・A
- ・自動化による省力人数　10人　　人件費　20万円／月
  - ☆年間省力化額　10人×20万円×12か月＝2,400万円・・・B
- ・自動化によるプラス　B－A＝400万円

2　七つ道具が強いのではない

　弁慶の七つ道具は有名ですが、それで弁慶が強かったわけではありません。いくら良い道具をたくさん持っていても、時と場合で使いこなす力量がないと宝の持ち腐れです。

【図表2-6　労働装備率の計算式】

$$労働装備率 = \frac{設備資産}{従業員数}$$

（製造業平均値　250～300万円／人）

　従業員1人あたり、どれだけの設備を持っているかを表す指標が「労働装備率」です（図表2-6）。この率が高い会社は、1人あたりの生産性が高く、利益も多いように思われがちですが、大事なのは装備の性能、稼動状況がどうかをみることです。

　また、会社全体としての数値ではなく、生産単位、採算単位である工場ごと、職場ごとの数値でみることも必要です。つまり、計算式の分母にスタッフ部門の人数を入れるかどうか、分子に本社建物の金額までを含めるかどうかなども、自社実情に合わせた分析をしてください。

3　リース設備もある

　最近はリース産業が盛んです。工場の自動化機械でも、パソコンでも大抵の設備がリース対象になっています。決算書に出てくる「建物・機械・工具」といった勘定は、自社購入のものしか表していません。こういう場合には、損益計算書の「リース料」で処理されている設備機械の元の金額を評価して、労働装備の対象にしないと正しい分析にはなりません。

　そうなると、労働装備率をどこまで高めるかという問題とは別に、設備リースと合理化、生産性アップの技術をどう比較するかの検討が必要です。

4　人海戦術が最後まで有利か

　自動化が飽和した日本の会社は、競って中国に生産拠点を移しました。中国の一ケタ低い賃金を目当ての人海戦術を採用したのです。しかし、中国の産業は内部からの力をつけ、技術も急速に進んでいます。

　ただ単に、「賃金が安い」ことだけに頼った事業戦略を展開しているような会社は、近い将来に自らの人海戦術で行きづまると思います。

26 ROEってなに

Q よく新聞で、"株主の立場を尊重するならROEのアップを"と書いてあります。ROEとはなんですか。

Answer Point
　　ROE（株主資本利益率）は、株主資本に対する当期利益の割合を示す経営指標です。株主に対する経営責任の達成度合いを表している大事な指標です。

1　自分（株主）の金でどれだけ稼げるか

　会社は株主から資金を預かって仕事をします。そのほかにも、資金が足りなければ銀行から借りたりもします。こうして集めた資金を全部使って、土地を買い、工場を建て、製品を売って仕事を進めます。ここで集めたお金に色は着いていないので、株主が出したものか、銀行から借りたものなのかの区別はできません。

　しかし、株主の側からみると、「私が出したお金を上手に使ってくれただろうか。私のお金はどれだけ稼いだであろうか」というところに関心があります。

　ROE（Return On Equity）は、株主資本利益率といって、株主資本に対する当期利益の割合を示す経営分析指標です。つまり、ROEは、会社が株主から預かった資金をどれだけ効率よく働かせたかを表しています。いい換えれば、株主に対する経営責任の達成度合いを表している大事な指標です。

　これまで、日本の会社は自己中心で、とかく株主の立場を軽く見る傾向があったといわれます。それを改めるため、ROEを高める努力を経営者に求める風潮が強くなっています。

2　他人の金も合わせて使っている

　前述したように、経営に役立っている総資産は、他人資本＋株主資本でまかなわれています。経営活動の結果である利益は、この総資産が一体となって生み出したものと考えるのが、実際に合っています。

　もしROEだけで経営効率を図ると、図表2-7でROE①（株主資本50％

と厚い）は10％、ＲＯＥ②（株主資本20％と薄い）は25％となります。普通、株主資本比率が厚いほど、会社は安定性が高いといわれています。

ところが、ここでは、他人資本である借金に多く頼る経営のほうがＲＯＥは高くなって株主に喜ばれるという、少し歪んだ現象も生じます。

単純に株主重視という言葉に振り回されず、広い視野で経営指標は判断したいものです。

なお、日本の企業では、ＲＯＥの平均値は４％程度と、欧米企業に比べて低くなっています。一方、ＲＯＥが15％〜20％と高い企業には技術を駆使し、情報化の現状に合った経営を進めているところが多いことも事実です。

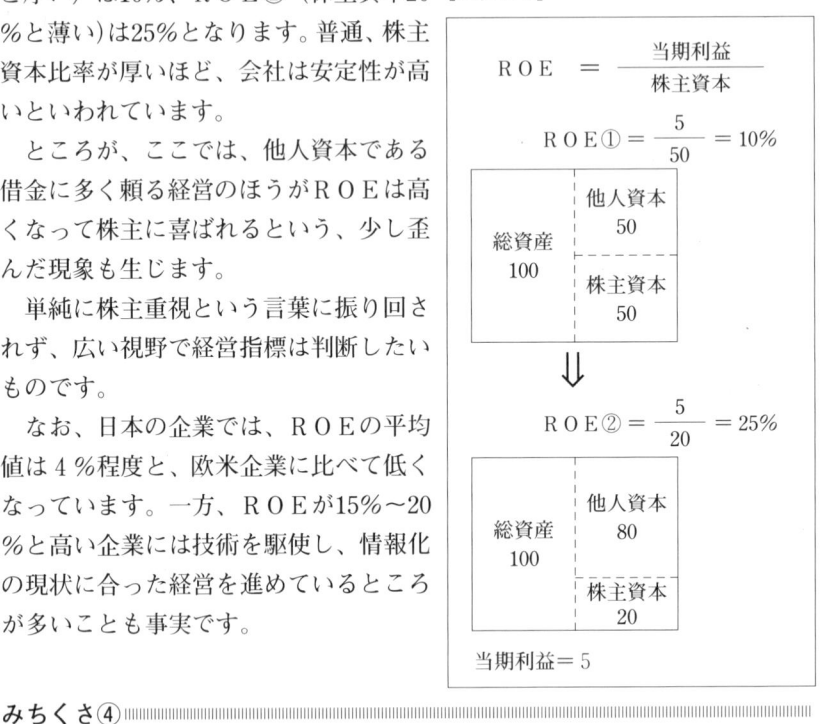

【図表2-7】

$$ROE = \frac{当期利益}{株主資本}$$

$$ROE① = \frac{5}{50} = 10\%$$

総資産 100	他人資本 50
	株主資本 50

⇩

$$ROE② = \frac{5}{20} = 25\%$$

総資産 100	他人資本 80
	株主資本 20

当期利益＝5

みちくさ④

一芸では足りない

大学入試では、「一芸合格」というのがあるらしい。数学でも、ピアノでも一芸に秀でていたら、入学させてその才能を伸ばそうというのだ。面白くていい方法だと思う。

21世紀のサラリーマンはどうか。自分で仕事を面白くしようと思うなら、少なくとも三芸はいる。

最初の一芸はもちろん専門知識である。営業でも労務でも、"そのことなら彼に聞け"と社内の評判が立つぐらいになりたい。もちろん、そのためには、実務への取り組みと学習が必要である。

次は外国語。グローバル化が進んで、どんな会社のどんな部門にいても、英語くらいはこなせないと仕事が拡がらない。

欲張った３つ目はもちろんＣＰＵである。ＩＴを自由に操れたら、戦国時代の鉄砲にまさる道具となること疑いなし。

27 基本的な経営指標ってなに

Q 経営指標はたくさんあって迷います。最も基本的なものを一つだけあげてください。

Answer Point

数ある経営指標の代表選手は「総資本利益率」です。この指標が高いほど、経営上手ということになります

1　どれだけ資産を上手に動かせたか

自動車の性能を表す指標の一つに燃費（燃料消費率）があります。1リットルのガソリンで何キロメーター走れるかという数字です。もちろん、同じ1リットルで、長距離を走った車が勝ちです。安い費用で、車本来の効用である運送実績を稼いだからといえます。

さて、会社の場合はどうでしょうか。会社の第一目的は、利益を獲得することです。利益を得るためには、道具（経営資産）が必要です。その道具を買うために、株主から出資してもらい、銀行から借金して資金を調達します。株主や外部関係者から預かった資金は、上手に、安全に、効率よく使って、少しでも多くの成果（利益）をあげなければなりません。B/S右側の全調達資金は、同じB/S左側の総資産として運用されています。

したがって、この総資産が、1事業年度にどれだけの働きをして、いくらの利益を生み出したかが、会社の評価を定める基本指標といっていいでしょう。つまり、数ある経営指標の代表選手は「総資本利益率」です（図表2-8）。

この指標が高いほど、経営上手ということになります。

2　高利少売にするか

総資本利益率（A）の公式を分解すると、図表2-8のように、総資本回転率（B・どれだけ営業サイクルを活発に動かしているか）と、売上高利益率（C・どれくらい儲けの幅が高いか）の相乗値になっています。つまり、Aを高くするためには、BあるいはCを高くしたらいいのです。

ところが、商いの常識では、「安くすればたくさん売れる」ことになって

います。Cを下げればBが上がるということです。(もっとも、この価格破壊のご時世では、「安くしたら売れる」とは限らないのが難しいところですが)

薄利多売でたくさん売るということは、たくさんつくる(あるいはたくさん仕入れる)ということです。そのために、これまで1工場ですんでいた生産設備を2工場に増やさなければならないことになると大変です。新しい設備資金には、利子＋償却費が必要ですから、コストが上がって「薄利」で売ることができなくなるかもしれません。

もちろん、ここでも2工場をフル活動させたら、もっと生産効率があがって、コストダウンができるという計算が成り立てば、一層薄利多売に拍車がかけられます。

一方、そんなことをすれば忙しいばかりだという人もあるでしょう。他人の思いつかない技術を織り込んだ新製品をつくり出し、他社が真似をして追いかけてこないうちに、高い価格で売り出します。パソコンでも携帯電話でも、最初は随分高かったはずですが、いわゆる創業者利得をとってお終いにするのです。

そこで、薄利多売の途を選ぶか、逆の途を取るかは経営の判断によりますが、結果的に、B×C＝Aが高くなれば、経営手腕を評価されていいのです。

【図表2-8】

$$A：総資本利益率 = \frac{当期利益}{総資本}$$

$$= \frac{売上高}{総資本} \times \frac{当期利益}{売上高}$$

（B：総資本回転率）×（C：売上高利益率）

平均　製造業　5％
　　　小売業　8％

3　他の点もみよう

車の良し悪しをきめるのは燃費だけではありません。「200Ｋm/時と軽くスピードを上げられる」「電柱にぶつかっても安全堅固である」「見ただけでもイタリア製だとわかる」etc。いろいろな基準で人は車を選びます。

会社の業績も、いろいろな面からみてはじめて正確な中身が読めるはずです。総資本利益率は、最も端的な分析指標ですが、他の数値も大事に扱ってください。

28 商売には自己資金と借金のどちらがいいの

Q 借金で商売するのと、自分の金を使って商売するのと、どちらがいいでしょうか。

Answer Point
　　せめて外（負債）と内（株主資本）が半分ずつぐらいには持っていきたいところです。それで安心して商売ができます。

1　自分の資金を安心して使う

　世の中には"他人の褌で相撲を取る"ということわざがあります。お金に限りません。力でも、知恵でも、道具でも、自分のものは使わずに他人のものを上手に使って「こと」がすむならこれほど楽なことはありません。

　しかし、他人のものは、使っていて何時向こうが「もういやだ。すぐ返せ」といい出すかわかりません。つまり、安心して使っていられないという弱点があります。

　それに比べると、自分のものは、好きな期間、好きなように使うことができます。誰にも気兼ねすることなく使っていいのですから、気が楽です。長期の計画に当てはめることもできるし、突然右から左に使い方を変えてもどこからも文句は出ません。

　会社の場合、「自分のもの」は株主資本です。「他人のもの」は、銀行借入金などから構成される負債です。手固い事業経営をしている会社では、外部借入０というところもあります。いわゆる無借金経営を家訓として固く守っている会社もありますが、そこまでは頑張らなくてもいいのです。もし、外から資金を上手に借りてきて、それを活かして使えるなら、借金も経営手腕のうちです。

　第一、借金ができるためには信用が必要です。その信用は、会社経営の実力が裏付けになっています。口先だけで上手に他人のお金を引き出す賢い人もいますが、いずれ化けの皮がはがれます。

　それでも、せめて外（負債）と内（株主資本）が半分ずつぐらいには持っていきたいところです。そうすると、総資本に対する株主資本の割合は50％

になります（図表2-9）しかし、50％は欧米並みの数値です。日本の場合は、戦後経済復興の過程で外部資金に頼ることが多かったので、この比率は低いままに止まっています。

2 集めやすく、使いやすいのはどちらか

株主資本を厚くするためには、増資によって株主から新しく出資してもらうか、多くの利益を増やして、その中から会社に内部留保を貯金するかです。どちらにしても、会社の業績がしっかりしていることが前提になっています。

【図表2-9】

```
               B/S
        ┌──────────┬──────────┐
        │          │   負債   │
        │   資本   ├──────────┤
        │ (総資本) │          │
        │          │ 株主資本 │
        └──────────┴──────────┘
```

$$株主資本比率 = \frac{株主資本}{総資本}$$

平均値　30％～40％
欧米標準　50％

外部からの資金調達は、銀行借入でも社債発行でも客観的に厳しい条件がつきます。担保がないと貸さないとか、中小企業なら社長の個人保証を取るとか、返済計画がいやでも実行されるような手を打ってあります。さらに利子は１日でも遅れないよう、取りはぐれないよう約定で会社の逃げ道を防いでいます。

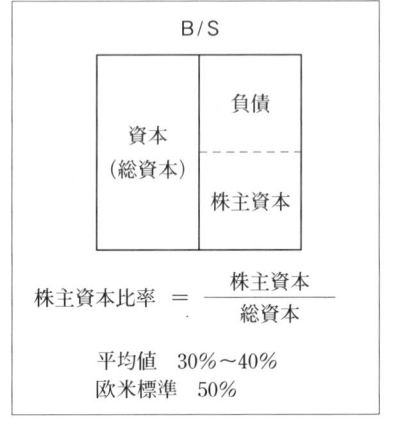

ここでも、業績が悪くて資金がほしいというような会社は、資金集めが困難です。本当は、いま財務内容では苦しくても、将来に向かって新しく有用な事業を起こそうという会社にこそ、進んで外部資金が注入されるべきだと考えます。

なんでも困ったときには助けてくれるはずというメイン銀行との取引関係も、これからは大きく見直そうという動きになってきていることに注目しておくほうがいいでしょう。

なお、運用資金の見返りとして、資本には配当が、負債には利子が当てられます。配当は業績次第で無配ということがありますが、利子のほうは最初にきめられると、借りたほうはどんなに苦しくても、支払わねばなりません。

また、利子は支払ったら、会社の費用として処理できる（利益が減り、税金が軽くなる）ということも、両者の大きな違いです。

内外資金の使い分けには、考慮すべきポイントの一つです。

29 準備資金の蓄えはどのくらいがいいの

Q 会社はいざというとき、外部の人に迷惑をかけないためには、普段からどれくらいの資金の用意がいりますか。

Answer Point

当座比率は、現金ですぐに借金をどれだけ払えるかを表していますから、これが100％あると、外部の取引先も安心できます。

1　2倍の資産で何とか借金を返せる

人の心得として"死んだときの葬式費用ぐらいは、何時でも別に残しておけ"とよくいわれます。その準備があれば、周りの人に迷惑もかからず、自分も安心して仕事に精出せるというわけです。

会社も同じことです。いつ何時、思わぬことでつまずくかわかりません。そのとき、経営者が夜逃げして、あとは放りっぱなしでは、周りの人みんなが大迷惑でしょう。

会社には、お金を借りている銀行、材料を買っている仕入先、税金未納が残っている税務署など、これから遅くとも1年ぐらいのうちには、お金を返したり、払ったりしなければならない相手がいます。こういうものは、会社にとってはすべて借金といえます。

この1年以内に返済期限がくる借金（流動負債と呼びます）ぐらいは、無理なくきれいに返したいものです。そのために使える資産は、現金預金のほ

【図表2-10】

$$流動比率 = \frac{流動資産}{流動負債}$$

目標比率　200％

中小企業の平均
　製造業　173％
　小売業　196％

B/S

流動資産	当座資産	流動負債
	在庫他	（固定負債）
(固定資産)		（資本）

かに、商品材料など1年以内には現金に代えられそうなもの（流動資産と呼びます）が当てられます。（図表2-10）

流動負債と流動資産の割合を流動比率といいますが、会社の財務的安全性を図るものさしの一つです。ただ、売掛金や在庫などは、今すぐ現金化できるわけではありません。

こういう資産をいったん現金という形にかえるためには、回収とか販売という営業期間が必要です。急ぐ場合には、在庫商品を安く投げ売りしなければならないこともあるでしょう。

そこで、流動資産のほうは、いろいろな資産項目を含めて負債の2倍もっていればまず安心できる、つまり、流動比率でいうと200％あると良い会社と考えられています。

2　キャッシュで返そうと思ったら

「在庫が売れたら借金を返します」などといっていたら、間に合わないことがあります。今すぐキャッシュでとなったら、役立つものは現金預金に売掛金、受取手形ぐらいまでです。こういう右から左に返済資金として使えるものを当座資産と呼んでいます。（図表2-11）すぐに役立つこの資産と、流動負債の比率は目標100％です。

【図表2-11】

$$当座比率 = \frac{当座資産}{流動負債}$$

目標比率＝100％

中小企業平均
- 製造業　131％
- 小売業　115％

もっとも、当座資産がたくさんあるということは、見方を変えると、現金預金を遊ばせている、売掛金の回収が遅れている、もらってくる手形は長期のものばかりということかもしれません。

単なる分析比率の表面数字だけをみて、安心したり、心配することは、経営分析の上手なやり方ではありません。

30 事業部制・カンパニー制ってどういうこと

Q 事業部制とかカンパニー制で経営効率を高めるといわれますが、どういうことですか。

Answer Point
　　　営業でも工場でも、それぞれに責任をもたせる経営方式が事業部制であり、さらに進んだのがカンパニー制です。

1　責任を持たされると一生懸命にやる
　家で子供達に用事をさせるとき、「みんなで力を合わせてやりなさい」といったのでは駄目です。お互いにもたれ合い、楽をしたほうがトクだとみんなが思ってしまうからです。
　こういうときは、「次郎は玄関の掃除、三郎は裏庭の草抜き、花子はガラス拭き。きれいに早くできた人にはごほうびに500円玉一つ」と言い渡すのがコツです。3人それぞれ、自分の仕事を段取りし、どうすればうまく仕上がるか工夫努力をするでしょう。
　会社の仕事も同じです。営業でも工場でも、ある範囲の仕事について責任を持たされ、またその範囲のことでは自分にまかされた権限が使えると、人は一生懸命になります。たとえ仕事がきつくても、自分の能力、技量を自由に発揮できることが、自分の喜びになるからです。
　人の本性はそういうものだという前提に立った経営方式が事業部制です。優れた経営者は、何もかも自分一人でやろうと思わず、能力のある部下を適材適所に使って、異なる事業を任せます。各事業の責任者が、互いに競い合って自分の事業を育てることで、会社全体が強く伸びるのです。

2　責任が明らかな事業に分ける
(1)　製品別事業部制
　最も広く採用されている区分です。それぞれの事業部は、生産から販売あるいは研究開発まで単一製品を取り扱います。作るところから売るまでの営業サイクルが一つにまとまって、効率的弾力的な働きができます。

【図表2-12　事業部制の形】

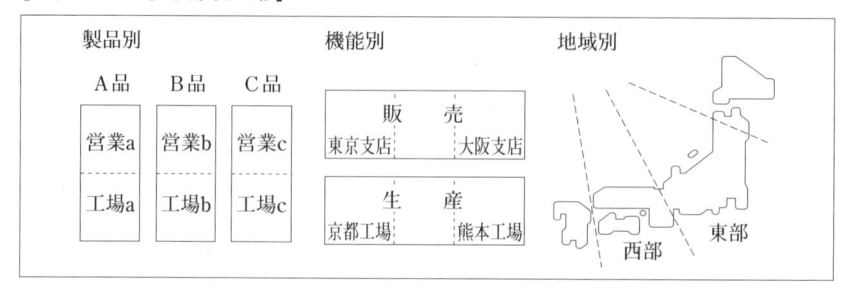

製品別／機能別／地域別の組織図

(2) 機能別事業部制

　生産、販売といった働きごとに組織を区分して事業部にまとめます。(1)の製品別事業部制がタテ形とすれば、これはヨコ形といえます。作る、売るという同じ仕事の中で問題を共有して解決できるところが長所です。

(3) 地域別事業部制

　九州から北海道までを地理的に区分する方法です。地方によって特色ある事業展開が期待される場合に有効です。

3　事業部制からカンパニー制へ

　事業部制では、品質保証、研究開発まで含めて、大幅な仕事権限が各事業部に分権されます。それでも、人事（採用、賃金体系）や経理（資金、監査、税務）など全社的な業務はまとめて処理するほうが便利だということで、本社集中形になっていました。

　それをもう一歩進めて、思い切った分権制にしようというのが、最近登場した「カンパニー制」です。これは、区分した組織を一つの独立会社のように考えようというのです。カンパニー長はミニ社長です。人事権を持ち、財務も自分の判断と責任で処理します。各カンパニー長は、グループ全体を統括する社長に対して、自カンパニーの業績を約束します。約束どおりの成果があげられたときは、これまでの給与体系にとらわれない成果報酬が与えられます。逆に、2期連続で目標未達成なら、即更迭という厳しい取り決めをしている会社もあります。

　カンパニー制がさらに進むと、グループを離れて分社し、単独株式会社として上場を狙うという道もあります。

31 独算制のメリットは

Q 独立採算制を採用する利点は何ですか。

Answer Point

　各事業部の働きを数字で表すための採算計算が明確に区分して表すことで、部内責任をはっきりさせることができます。

1　独り立ちすれば勘定も別

　親しい友人夫妻は、財布をそれぞれで持っています。共稼ぎですが、収入は、銀行の各自名義口座に入れます。自分が着る洋服や、読みたい本は自分の財布から出して買います。マンションの家賃、食費など共通生活費は半分ずつに割って負担します。

　これを水くさいと思うか、進歩的独立共同体と考えるかは、周りでみている人の主観によります。

　会社が独立した複数事業部制を採ったとき、最も大事なことは、各事業部の働きを数字で表すための採算計算が明確に区分されていることです。権限を与えられて事業をまかされたら、その成果に責任を持つのが当然です。そして成果は、事業部別の決算を正しく実施することではかられます。

　また、事業部の仕事のどこに問題があり、どこを改善すべきかを的確に知るためには、決算数字がその事業部に起因するものでなければなりません。つまり、自分の事業部に責任のある数字だけをしっかり拾うのが、事業部独算制のポイントです。

【図表2-13　事業部別独立採算制の形】

	A事業部	B事業部
売上	1,000	1,500
売上原価	600	800
事業部経費	150	200
事業部利益	250	500
共通費配賦		
金融費用	20	50
基礎研究費	30	60
本社費	30	100
最終利益	170	290

2 ポイントを押さえないと有名無実

(1) 採算のグループ単位

　事業部全体の採算をとらえることはもちろん大事です。しかし、成績を分析判断して、次の具体的行動に移すためには、事業部の中をもっと小さい組織単位に区分する必要があります。

　たとえば、製品別事業部制をとっている場合でも、営業部門と生産部門を分けたり、さらに営業分門の中で東京支店、大阪支店の業績を区別しておくほうが、単位組織の責任と成果ははっきりします。

　ただ、あまり単位を細分化してしまうと、逆に数値の集計が難しくなりますから要注意です。

(2) 共通費の配賦

　生産から販売までのライン活動を、横から支援するスタッフの仕事があります。財務の仕事は、各事業部が個別で行なうより、本社でまとめて銀行と交渉するほうが効果的です。事業部に共通する基礎研究も、中央研究所で人材、設備を集中したほうが有効でしょう。

　こういった、いわゆる本社部門の費用を、各事業部に負担してもらうのですが、その負担の割合をどうきめるかが、必ず問題になります。この配賦に納得性がないと、事業部のほうでは、自部門の最終利益に責任が持てないということになるからです。(☞本社費配賦基準については、Q34参照)

(3) 公正な評価

　事業部に独立採算制をとるのは、成果を明らかにして、その努力を評価するためです。小学生でも、成績表をお母さんからほめてもらいたくて勉強を頑張るのです。ただそのほめ方が、姉さんをえこひいきしたほめ方であったり、弟の体育と私の国語を比べてのごほうびの差だったりでは、かえって兄弟げんかの種をまくようなものです。

　①事業部利益、最終利益と、段階別利益に比重をつける、②予算対実績達成率を10とすれば、対前年比伸び率を7にみる、③売上の伸びと、コストダウンは同じ評価にする、など、事業部の実態に合った評価基準をきめます。

　この基準は、前もってオープンにし、各事業部が納得して目標に向えるようにしておくべきです。

32 親子会社の関係・メリットは

Q 親子会社というのはどういう関係ですか。またどんな利点がありますか。

Answer Point

過半数株式を持つ会社を親会社といい、メリットはグループ内での子会社へのリスク分散、コスト採算、責任感の育成などです

1 親子は支配関係できまる

家長制度の昔は「親の言うことが聞けんのか」の一言でたいていのもめごとは収まりました。今どきは、子供の人権が確立していて、かえって親のほうが説き伏せられたりします。

株式会社は、すべてのことが多数決できめられます。そして、投票権は、1株1票ですから、たくさん株

【図表2-14 親・子・孫の出費関係】

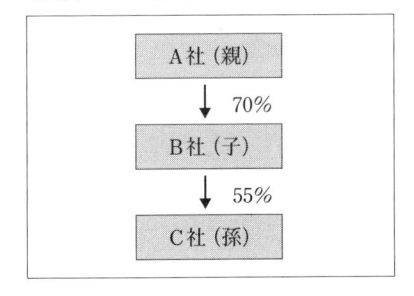

```
    A社(親)
      ↓ 70%
    B社(子)
      ↓ 55%
    C社(孫)
```

数を持っているものが勝ちです。発行株式の51%を持っていれば、昔の父親以上に絶対権限を振るえるわけです。

このように、ある会社（B）の過半数株式を持つ会社（A）を親会社と呼びます。BはAに対して子会社になります。さらにBが、他の会社Cの株を過半数持っていれば、CもAの子会社とみなされます。あるいは孫会社と呼んでもいいでしょう。

2 分けたほうがよいことがある

(1) リスク分散

経営にはいろいろな場面で、いろいろな場所でリスクが発生します。一つのリスクが全身に及んで倒れることもよくあります。そこで、リスクの発生箇所を分社することで、親会社と子会社に散らします。

親子関係といっても、あくまで別々の独立会社です。子会社に起きた問題は、間接的には親会社にも責任がありますが、あくまでも子会社が自分で対処すべきものです。"親ガメこけたら、子ガメ孫ガメみなこけた"という文句がありますが、親子会社の間では原則としてそうはなりません。

(2) コスト採算

地域によってコストに差が生じます。とくに、人件費に地域差があるときは、低賃金の場所に別会社の形で進出する戦略がとられます。現在、中国に独立会社を設立し、生産を受け持たせている日本企業が多いのは、この点を利用しているのです。

ただ、賃金は平準化の方向に動きますから、労働力が安いというだけで子会社展開をするのは、長い目で見るとどこかで行き詰まるでしょう。

(3) 独立分権

分離独立させることで子会社に責任を持たせ、自分なりの工夫努力することを期待します。事業部制の考え方をさらに徹底したものといえます。

もちろん、個別会社の好業績が、グループ全体の成長発展につながっていなければ分社した意味がありません。

3 気をつけなければまずいこともある

親子会社のグループ運営は、一方で陥りやすい危険もあります。

一つは、親会社が絶対的強みを持っているので、無理難題を子会社に押し付けることです。例えば、子会社に高い値段で物を売りつけます。子会社は損をしますが、親会社はそれで自分の利益をカバーします。これは程度が進むと、子会社を利用した利益操作、粉飾決算につながります。

ただ、この点は、最近グループの連結決算がやかましくいわれるようになりましたから、あまり親会社のわがままは通りません。また、子会社が北米にあって、日本の親会社の目が十分に届かないことがあります。すると、子会社で大きな損失が生じているのに、その事実が親会社に伝わらず、わかったときには全部手遅れということが実際に起きています。

もう一つは、グループとしての非効率です。子会社も立派な独立会社ですから、最低でも必要な組織と人材を備えなければなりません。子会社の数だけ経理と決算がありますし、財務取引も別々です。研究開発も重複する無駄が生じます。これは、グループ企業をどう効率よく運営するかの問題になります。

33 社内金利の賦課・負担はどうするの

Q 部門別会計を実施しています。本社財務部から、社内金利を賦課してきますが、部門として負担しなければなりませんか。

Answer Point

　本社財務がまとめて調達した資金は、各部門の仕事のために使われるので、各部門は自分が使った資金にかかる費用分だけは、負担するのが当然です。

1　誰が財務を担当しているか

　独立採算の部門別会計をとっている場合、肝心なのはその部門に直接かかわる収益と費用を集計することです。一方、どうしても各部門共通に発生する費用があります。

　たとえば、財務活動に要する費用です。銀行と交渉してお金を借りたり、証券会社に頼んで新しく株式を発行したり、資金を調達する仕事はたくさんあります。調達するだけでなく、返済するのも一仕事です。

　こういう財務の仕事は、全社ひとまとめで進めるほうが効果的です。もし、個々の部門組織が十分に大きくて力も強く、単独で銀行と交渉できるようなら、財務機能を部門に移すこともできます。しかし、よほどのことがなければ、財務は本社集中型が多いでしょう。

　もちろん、本社財務が調達した資金は、各部門の仕事を進めるために使われます。そうなると、部門が使った資金にかかる費用分だけは、その部門が負担するのが当然です。

2　金利の負担基準は資金の使用量で

　部門別会計を実施するとき、損益計算だけでなく、貸借対照表も部門ごとに区分作成できたら、部門の資金状況がはっきりとします。本社財務が銀行の役割を持ち、部門ごとに必要なだけの資金を貸し、それに応じた金利を取ればいいのです。

　それが難しいときは、少し割り切った金利負担基準をきめます。

2　企画部門の経理に関する疑問Q&A

(1) 売上高按分
　売上の多い部門は、それに応じて仕入も多いし、給料や経費の支払いも多いでしょう。つまり、仕事が忙しい部門はお金もそれに応じてたくさん使っていると考えるのです。たぶん、部門によって苦情が出るでしょうが、わかりやすい方法です。

(2) 期末在庫＋機械設備投資額基準
　部門ごとの貸借対照表まではつくっていなくても、在庫と設備をいくらもっているかの数字ぐらいはわかっているはずです。それもないようでは部門別会計は成り立ちません。
　そこで「在庫＋設備額に対して、年間5％の金利」というように本社から賦課する金利の対象と利率をきめます。本社財務が銀行に払っている実際金利と少し違っていても構いません。一種の管理用金利と考えるのです。
　部門のほうは、在庫が増えると金利負担が増えるとか、遊休設備を抱えていたら、金利が無駄になるなと考えて工夫します。そうなれば財務の仕事も楽になります。

(3) 売掛金＋受取手形残額基準
　お客さんから売上代金を現金で払ってもらえるまでは、向こうにお金を預けているのと同じです。その分を計算してみて金利の対象にします。商社や卸売業のような会社だとこれはわかりやすい基準です。受取手形残高には、裏書割引で手元にない分も、満期前のものは加えます。
　ただ、売上と反対側にある仕入債務（買掛金や支払手形）があれば、それは仕入部門が作り出した資金調達とも考えられます。その分を差し引くかどうかは部門の実態によります。

3　逆金利もある
　部門が業績をあげて利益が出ると、その分の資金が生まれたことになります（必ずしも利益＝現金増ではありませんが）。利益をあげ、在庫も減らし、債権回収も進めた部門があると、逆に自部門で資金を新しく生み出したともいえます。
　本社財務の立場からみると、こういう部門からは資金を預かったことになります。社内金利の制度が一歩進んだら、こういう計算もして、預かり資金には逆金利を払うということもあっていいのです。

34 本社費の振替えは必要なの

Q 事業部の経理を担当しています。本社費が振り替えられてきますが、どうも納得できません。事業部決算の仕組みとして必要ですか。

Answer Point

　　経理や人事などスタッフの仕事は、ライン活動に対する共通支援サービスなので、その費用は事業部門の負担です。

1　本社は居候（いそうろう）ではない

　事業部制は、できるだけ事業単位に仕事を分割し、責任と権限を持って自部門のことに専念しようという経営体制です。しかし、人事や経理など、各事業部に共通な仕事はどうしても残ります。中央研究所が受け持つ基礎研究や、電算室のコンピュータシステムなども、事業部ごとに分けるより、グループとして集中するほうが有効です。

　このような、いわゆる本社費は、損益計算のうえではどうしてもライン活動をしている事業部門に負担してもらわねばなりません。これが「本社費配賦」といわれるものです。ただ事業部にしてみれば、直接自分の仕事にかかわりがない費用ですし、また自分でコントロールすることもできない費用なので、なぜ負担するのか納得しがたい面もあります。

　しかし、経理や人事などスタッフの仕事なしで、ライン活動が成り立つものではありません。「本社の連中は、営業のわれわれが養っている」という考え方にも一理ありますが、それだけではないはずです。特に本社の人が「どうせわたし達は居候だから」などとひがむのも誤りです。

　事業部に負担してもらう金額以上のサービスを、どうすれば提供できるかを常に考えている本社であれば、事業部に気持ちよく本社費を負担してもらえるはずです。

2　納得性のある配賦基準を考えよう

　共通する本社費用を各部門に賦課するためには、何らかの割りかけ基準が必要です。

(1) 売上高比例

たくさん仕事をしている部門は、本社スタッフのサービスも多く受けているだろうという考え方です。配賦計算が簡単でわかりやすい方法です。

【図表2-15 本社費の配賦】

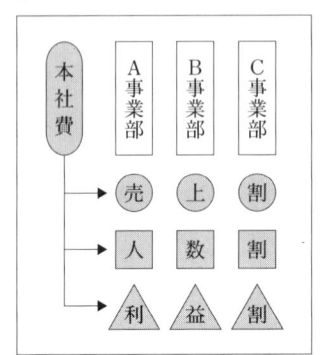

ただ、"それでは、余計に働けば働くほど本社費負担が増えるのか"という苦情も出そうです。

(2) 人数割

部門の総人数を基準にする本社費按分です。人事などのサービスは事業部門の頭数によるかもしれませんが、本社費の中の研究費などはそうとはいいきれません。各事業部門が抱えている研究テーマや製品クレームの数のほうが、研究費の配分にはより適しているともいえます。

(3) 利益負担

利益の多い部門に本社費を多く持って貰います。負担能力の強いところにたくさん負担して貰おうという考えです。基礎研究費など、効果が将来にわたるものは、応能基準が妥当かもしれません。

(4) ミックス形

(1)〜(3)のどの基準をとっても、各部門には不満が出ます。そこで、たとえば売上と利益の2基準を掛け合わせて、それで本社費を配分する混合形が考えられます。これはなんとなく公平なようでいて、かえってわかりにくいのが欠点です。

3　いっそ本社費の配賦を止めるか

事業部の誰もが本心から納得しないようなら、本社費の部門配賦をなしにするということはどうでしょう。事業部は自分の直接成績だけを心配すればいいことにします。本社費は別にとりわけ、本社自らの管理責任にします。

もし、ライン・スタッフがこの方法に徹して、部門それぞれの目標に、責任を負うほど管理意識が高ければ、本社費配賦なしというのが事業部独算制にとってはよい方法です。

35 ペイオフに対処するには

Q ペイオフが始まったら、銀行預金も危ないという話ですが、どうしたらいいのですか。

Answer Point

　1金融機関について、1預金者あたり、元本1,000万円＋利息までが保証されます。これからは、どの銀行がしっかりしているかをよく見極めることが大事です。

1　全額保障から限定支払いに切りかえ

　「銀行は潰れないもの」という神話がありました。だから、家のタンスに眠らせておくより、利息はわずかでも銀行に預けておこうというのが普通のやり方でした。

　ところが、この神話は崩れてしまいました。銀行も一つの会社ですから、経営のかじ取りを誤ることもあるのです。特にバブル経済期に、無謀な貸し出し戦略を取った銀行は不良債権を抱えて行き詰っています。

　ただ、これまでは、銀行が保険をかけている「預金保険機構」があって、潰れた会社に代って預金を全額支払ってもらえたのです。

　今度の「ペイオフ解禁」というのは、その全額保証していたものを、元本1,000万円とその利息だけを預金者に「支払ってお終い（pay off）」にするということです。もともと、取引先の会社が倒産したら、売掛金を1円も払ってもらえないことだってあるのですから、1,000万円のペイオフも当たり前かもしれません。（図表2-16）

2　1銀行、1人、1,000万円が原則

　1金融機関について、1預金者あたり、元本1,000万円＋利息までが保護の対象になります。

　銀行は1行に限られますから、ある銀行の本店と支店というように分散預金しても、寄せて1,000万円までです。また．預金者である会社のほうは、経理部と総務部で別々の預金口座を持っていても合計1社（1人）として計算されます。

【図表2-16　ペイオフのスケジュール】

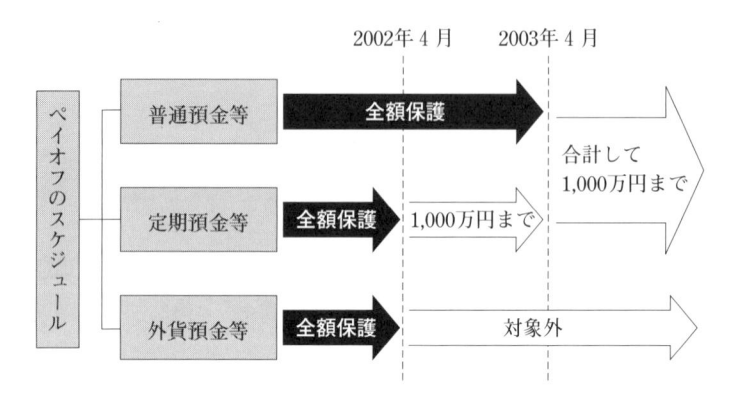

	〜2002年4月	〜2003年4月	2003年4月〜
普通預金等	全額保護	全額保護	合計して1,000万円まで
定期預金等	全額保護	1,000万円まで	
外貨預金等	全額保護	対象外	

　もちろん、1家族の中で、親と子供が別々の名義で預金していれば、それぞれが1預金者とみられます。

　ペイオフ対象の金融機関は図表2-17のようになっています。外銀の在日支店は対象外です。郵便局も対象外ですが、ここは別の法律で預金が保護されています。ただし、郵便局

【図表2-17】

対象金融機関	都銀、地銀、信用組合、信用金庫、労働金庫など
非対象金融機関	外国銀行の日本支店、農協、漁協、郵便局など

はいまのところ、最高1,000万円までしか預け入れができないことになっています。

3　預金の預け替え

　ペイオフに100％対応しようと思えば、1,000万円を超える分の預金を、複数の金融機関に分散して預けることになります。といって、わざわざ預金を移した銀行が、すぐ潰れるようでは困ります。また、預金分散で財務の資金管理は手間が増え、資金効率も落ちることを考えておかなくてはいけません。

　やはり、預金者のほうも、賢くなってどの銀行が経営としてしっかりしているかをよく見極めることが大事です。

　なお、預金の家族分散で、子供名義の定期預金をたくさん作ったりすると、贈与税の対象になることがありますから注意してください。

36 国際会計基準で変わるのはなに

Q 国際会計基準を取り入れようという話をよく聞きますが、どんな変化がありますか。

Answer Point

グローバル化の進んだ経済社会で、企業情報を外部に伝える決算書は、世界共通の会計基準で作られていることが条件になりました。

1 グローバルに通用する会計を

決算書というのはいわば会社の名刺です。渡した相手に、こちらのことをわかってもらえるものでなければ意味がありません。しかもグローバル化の進んだ現在の経済社会では、同じ会計基準で作られた決算書でなければ、世界の他の国では通用しません。

そこで、各国の会計専門家が集まり、年数をかけて国際会計基準（International Accounting Standards IAS）を作りました。遅れていた日本の企業会計もやっとこのIASを取り入れた決算書を作ることになりました。

2 これまでと大きく変るところ

(1) 連結決算

親子会社の決算を連結し、グループとしての成績、状況を明らかにします。グループ内での親会社の位置や力もかえってよくわかるようになります。

(2) 連結納税

各会社が別々に対応していた税金を、グループとして一括納税するものです。内部取引利益があったり、グループ内に赤字会社を抱えている場合には、通算された合理的なグループ納税ができます。

(3) 時価会計

とくに株式など有価証券を、その時の市場価格で評価し直して、会計の中にとりこもうという考え方です。

(4) キャッシュフロー計算

会社活動の中で重要な資金の流れがどう変化しているかを、きちんと表わそうという目的の計算表です。

(5) 年金会計

会社が受け持っている厚生年金などが大きな負担になっています。これを会計的にはっきりさせておこうというものです。

(6) 税効果会計

当期の利益と税金額が正しく期間対応するように調整計算します。

3 将来を展望するなら中小企業にも導入を

いま現在、海外取引にまったく縁がないという中小企業でも、よく周りをみたら、何かの形で世界と取引がつながっているはずです。海外に関連する会社を何十社も抱えている国際企業でも、ほんの20年前は国内専門の単独会社だった例が多いのです。

もし、あなたの会社が、グローバル化の波に乗って、将来世界に伸びようと志すのなら、ぜひいまから、会社の経理にこの国際会計基準を取り入れるように心掛けてください。

みちくさ⑤

誰が納めた税金

日本国の某年度租税収入の内訳は、図のようになっている。

・所得税の大半は、3,500万人の勤労者が納めている。そして誰も税金の使途を気にしていない。
・法人税の半分は、数にして1%に満たない大企業に頼っている。
・生活に定着した5%の消費税は、有力財源である。いつ10%までアップされるか。
・健康に悪いといいながら、酒もたばこもやめる人は少ないらしい。
・これでは税金が足りないから、国債(借金)を30兆円ほど出している。
・経理マンが頭に入れる数字は2桁までで十分である。

【租税収入の割合】

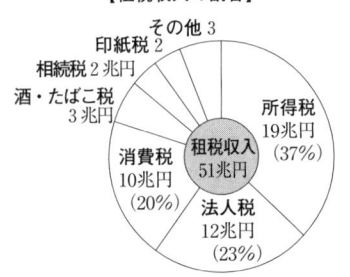

その他 3
印紙税 2
相続税 2兆円
酒・たばこ税 3兆円
消費税 10兆円 (20%)
法人税 12兆円 (23%)
所得税 19兆円 (37%)
租税収入 51兆円

③ 監査部門の経理に関する疑問Q&A

Q37　会計のプロがみているのに倒産するのはなぜ
Q38　監査役の役割ってなに
Q39　どうして粉飾決算が生じるの
Q40　税務調査と社内監査の違いは
Q41　社外監査役の役目は
Q42　監査日程はどのくらいが適当なの
Q43　社内監査室の仕事は

37 会計のプロがみているのに倒産するのはなぜ

Q 大きい会社の倒産が続いています。公認会計士が監査していながらなぜ会社の経営が行き詰まったりするのですか。

Answer Point

　会計士監査は、決算書がその会社の働きと状況を全体として正しく表しているかをチェックするものです。不正発見などを直接の目的としていません。

1　監査の役目は経営指導ではない

　太りすぎを心配して、毎晩風呂上りに体重計に乗る人があります。たしかに、体重計は乗った人の重さは示してくれますが、乗ることで体重を減らしてくれるわけではありません。

　「公認会計士がみていながら、会社の粉飾決算が見抜けなかったり、不良債権を抱えて倒産するのを防げなかったのはどうしてか」とよくいわれます。しかし、会計士監査は、もともと経理の不正を見つけたり、経営のまずさを直すというものではありません。

　昔アメリカの経済恐慌で多くの会社が潰れたとき、出資していた株主に大きな損害を与えました。そこで、もっとしっかりした会計基準で決算をし、会社の現状がありのままの姿で正しく財務諸表に映し出されることが要望されました。

　財務諸表をみて、会社をどう判断するかは、投資家側の問題です。その前に、財務諸表が、統一された妥当な会計処理で作られているか、その結果会社の状態を正確に表しているかを、会社外部の独立会計プロにみてもらおうというのが、会計士監査なのです。

　また、現在会計士の監査が必要なのは、外部株主や取引先が大勢いる大企業や上場企業に限られています。それは、外部との関係が広い会社には、正確な情報公開をするという社会的責任があるからです。

2　倒産、粉飾は経営者の問題である

　監査で、会社の売掛金台帳に焦げついた売掛金が見つかれば、会計士は不

良債権として処理することを勧めます。また、おかしな架空伝票で売上高の水増しをしていることがわかれば、決算を修正するよう指導します。監査の作業中は黙っていて、監査報告書に結果だけ書いてお終いというほど無責任ではありません。

ただ、大きな会社で、年間に何万枚も何十万枚も取引伝票が処理されている場合、監査は、科学的根拠に基づいた抜取検査にならざるを得ません。大事なポイントは、もちろん、しっかり押さえていますが、隅から隅まで伝票をめくってというわけにはいきません。その隅のほうに、倒産、粉飾につながる事柄が隠れていると、定められた監査の手順手続きだけでは見つからない場合も生じ得ます。

いうまでもありませんが、会社の倒産や粉飾は、基本的には経営者の問題です。会計士監査が本来扱う問題ではないのです。それではどうすればいいのかというと、経営者と監査担当会計士の間に、平素から厚い信頼関係が築かれていることがポイントです。

会社の運命を左右するような重要な問題が起きかかったとき、経営者が会計士に正面から問題点の説明をし相談をかけられることが大事なのです。

これができるような相互信頼があれば、「会計士が見ているのになぜ倒産するの？」という非難が出る前に、倒産を防ぐ手立てが打てたかもしれません。

みちくさ⑥

ものの値段　その1

40年ぶりに大学の地下にある学生食堂で昼食を食べてみた。昔と変わらぬ粗末なテーブルに、昔とうって変わったジーパン、茶髪の学生たちが座って、盛んな食欲を満たしている。

カウンターから私が取ってきたのはカツカレー（小）360円である。当然のことだが、学食の値段は昔も今も安い。

その昔、財布の中味が乏しくなると、しばしばメニューのなかから「すうどん」を選んだ。これが天ぷらもキツネものっていない、具なしのうどんである。それでも空腹をしのぐには足りた。代金はポケットに残っていた10円玉1個だった。遙かに古のことを思い出して、帰りにメニューのショーケースを覗いてみたら、懐かしい「すうどん」が今でも健在だった。表示札には「うどん ¥110」としてあった。

38 監査役の役割ってなに

Q 会社の監査役はお目付役ですか。また、社外監査役は必ず必要なのですか。

Answer Point

　会社取締役の仕事ぶりをチェックし、取締役、株主総会で意見を述べることが必要です。大会社では半数以上の社外監査役をおくことを求められています。

1　商法274条第1項　監査役ハ取締役ノ職務ノ執行ヲ監査ス

　昔の監査役は仕事が楽でした。会社の取締役を何年も勤めた功労者が、定年を迎えると同時に監査役のポストにつくことが多かったのです。仕事も、できあがった決算書を一寸見たらお終いです。書類に印を一つ押して監査証明もできあがりというわけで、監査役は他人のうらやむポストでした。

　ところが、戦後経済発展の中で企業責任が重くなると、監査役の役割が改めて見直されることになりました。つまり、会社の株主に対して、あるいは会社が取引している外部関係先に対して、会社の仕事が正しく運営されていることを保証する役割が強化されたのです。

　したがって、単なるお目付役、ご意見番であることを超えて、会社取締役の仕事ぶりをチェックし、取締役会、株主総会に出席して意見を述べることも必要になりました。

2　任期も1期4年と長い

　取締役も監査役も株主総会で選出されます。取締役は任期2年ですが、監査役は4年と1回の任期が長くなっています。これは、取締役である社長が、むやみに監査役の交替を繰り返さないようにという商法の配慮です。もっとも、任期が長いから、安心して取締役の仕事ぶりを厳しくチェックできるというものではないでしょう。

　監査役の人数は、原則として1人でもいいことになっています。ただ、期の途中でその1人に不幸があったりして欠員になると会社は困りますから、複数監査役を置く会社が多いようです。

また、大会社（資本金5億円以上または、負債額200億円以上）では、特例法によって、監査役は3人以上、そのうち1人は常勤であること。さらにこれまで1人だった社外監査役は半数以上（平成17年からの予定）にすることを求められています。これはすべて、監査役の立場を強くし、客観的な、公正な監査が行われるようにということで決められました。

　いたずらに人数を増やしたり任期を長くすることが、監査役の役割をバックアップすることにつながるとは思えません。あくまで、取締役社長と監査役の間に厚い信頼関係があって、はじめて会社の監査はもれなく、十分に機能を発揮するものです。

3　仕事の兼務は制限される

　本来の役割が、取締役の仕事チェックですから、監査役は、人事部長とか支店長といった職務を兼務することはできません。取締役人事部長はありますが、監査役経理部長はできないのです。

　同じ趣旨から、親会社の監査役が、子会社の取締役になって業務執行することも認められていません。

みちくさ⑦

1万歩と大福1個

　朝早くウォーキングに出る。同じ時間だと、同じ顔ぶれのおじいさんやおばあさんに出会う。みんなそろそろ健康をまじめに気遣う年ごろにみえる。

　さて、健康のためには1日1万歩というのが定説のようだ。1万歩にはざっと90分かかる。これだけ歩くと、消費されるエネルギーは約300キロカロリーだそうだ。300キロカロリーは、平均的現代人が摂りすぎている1日カロリー数に当たる。つまり、1万歩歩くと、丁度健康的カロリー収支計算が成り立つ。

　問題はその後である。ウォーキングの後で、汗をかいたからビール（大瓶）を1本とか、お腹がすっきりしたから大福餅を1個とかやると、これが丁度300キロカロリーで、せっかくの1万歩と帳消しになる。"じっと我慢の子"でなければ健康は保てないらしい。

39 どうして粉飾決算が生じるの

Q どうして粉飾決算が生じるのですか。防ぎようはないのですか。

Answer Point

　ありのままの状態よりもよく見せたいという気持ちが働くからです。ありのままの会社の姿で経営を進める勇気を持っていたら、粉飾というような問題は起きないはずです。

1　利益を多く見せたい、少なく見せたい

　黒系統の服ばかり着る女性がいました。なんでも、黒を身にまとうとボディラインが細くしまって見えるのだそうです。ただ、どうひいき目にみても、その人の中年肥りは隠しようがないように思いました。反対に、歌舞伎など芝居では、役柄によって、衣裳の下にたくさん詰めものをし、肥ったように見せかけることがあります。どちらも、中味の外側に余計なものをつけ加えることで、本体を別ものに見てもらおうという心づもりです。

　会社業務のありのままをみせたくなくて、衣を一枚かけることを粉飾（英語では文字通りDressing）といいます。

(1)　良くみせたい

　小学生でも成績の下がった通知簿をお母さんに見せるのは嫌がるでしょう。会社の社長さんも同じことです。今期の売上が落ち込み、利益も大幅に減ったとなると大変です。赤字決算だと株主総会で社長の責任を追及されます。また、赤字では銀行がこれから快く資金を貸してくれるかどうかも心配です。

　そこまで追い詰められると、何とか会計処理を動かして、もう少し利益を多く計算できる方法はないかと考えます。実際はまだ売れていない商品を売ったことにする（架空売上）、商品在庫を水増しする（棚卸過大計上）、経費支払いを先送りする（経費過少計上）など、どれも計算結果としての利益を多く見せかけることになります。

　今期そうやって背伸びの会計処理をすると、必ず来期にはね返ってきます。

無理したプラス利益が、次の決算ではマイナス利益となって表に出てくるからです。それをもう一度隠そうとすれば、粉飾を二枚重ねしなければ追いつきません。

そんなことを3期、4期と繰り返していたら、どこかで必ず衣が破れ、化けの皮がはがれるにきまっています。それがよく見る「××社粉飾決算30億円で倒産！」という新聞記事になるのです。

(2) 悪くみせたい

普通は何ごとによらず、"良くみせたい"ほうに傾きます。ただ、会社の決算だけは、ありのままより悪いほうに見せかけたいという誘いがかかることがあります。それは、「利益を少なく計算して、税金を助かりたい」という非常に間違った考え方から出ています。そのために、折角営業が努力した売上伝票を隠したり、水増しの経費を損益計算に織り込んだりして、決算書の数字を逆粉飾するのです。

いうまでもなく納税は国民の義務です。それでも税金は軽いほうがいいにきまっていますが、逆粉飾をして、正当に納めるべき税金を逃れたとしたら、これは脱税で国民の義務に反します。

もっとまずいのは、決算を捻じ曲げて税金が助かったと考えるような経営者は、きっとどこかで経営そのものに行き詰るということです。これは、ない利益を多く見せたいという経営者がたどるのと同じ途です。

2 そのために監査がある

取締役である社長が、曲がったことを思いつき、誤った経営に走らないように、監査役はいつも目を光らせていなければなりません。そのために、監査役を置くと同時に、外部の公認会計士にも監査を依頼しています。さらに、組織として内部監査室を儲けている会社もあります。いわば二重三重のチェック体制をとっています。

それでもなお、年に何度か"企業の粉飾決算"がマスコミに登場することがあります。そういうことが起きるのは、何よりもトップに企業倫理感覚がかけているからです。決して監査役あるいは監査体制が弱いからではありません。もちろん監査役は、取締役会に出席して、必要があれば意見を述べる義務があります。相手が社長だからといって、自分の主張を曲げるようなことがあっては、株主の期待に応えることはできません。

40 税務調査と社内監査の違いは

Q 材料倉庫が3月末、会計士が在庫と帳簿を合わせました。今度は税務署が来て同じ調べをしました。同じことを二度手間と思いますが。

Answer Point

　会計士は公開情報を正しくという立場、税務署は納税を厳しく公平にという立場の違いがあります。調査の方法、手順も異なります。

1　会計士が欲しいのは正しさ

　決算は、会社のいろいろな働きを数字にまとめて表にしたものです。会社のありのままの姿を見るには、決算書が正しく作られていなければなりません。決算書を直接に作るのは経理の仕事ですが、決算書作成の材料は、営業や工場など全部門から経理に送られてきます。その材料が元から間違っているようでは、正しい決算書はできません。

　会計士が期末の工場倉庫で棚卸品の数を調べるのは、在庫金額の正確さをチェックしているのです。在庫金額は、一方では貸借対照表の資産に計上されますし、一方では損益計算書の原価を計算する要素となります（図表3-1）。在庫計算を誤ると、会社が持っている財産も、努力結果の利益もみんな間違って外部に伝えられることになります。

　そこで、外部の専門会計士が現場に出向き、会社の担当者と一緒に棚卸をすることで、決算資料としての在庫額が客観的に見て正しいかどうかをチェックするのです。

　工場だけでなく、支店営業所でも、売上伝票が手順どおりに発行され、今期の売上高が正しく集計されているかをチェックします。チェックの

【図表3-1】

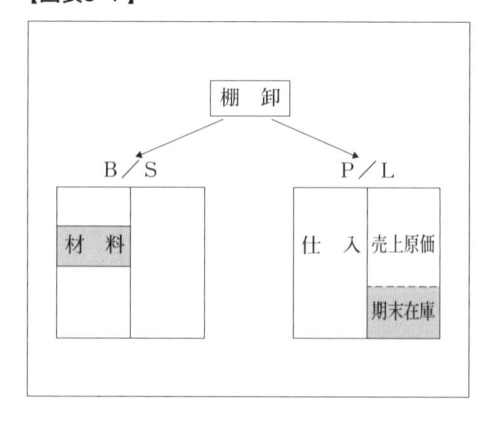

```
           棚　卸
          ／    ＼
      B／S        P／L
    ┌──┬──┐  ┌──┬──┐
    │材料│　│  │仕入│売上原価│
    │　　│　│  │　　├────┤
    │　　│　│  │　　│期末在庫│
    └──┴──┘  └──┴────┘
```

結果が誤っていたら、在庫、売上の数字は修正して決算に入れます。

つまり、会計士のチェック（監査）は、会社活動の結果が、ありのまま決算書に映し出されているかどうかを、外部関係者（株主や銀行その他）に保証するためのものです。

2　税務署は、もれた納税を拾い上げたい

税務署は、大体2年に1回ぐらいの割合でチェックにきます。1週間ぐらいの調査の結果は「追徴税金○○万円を納めなさい」ということでたいていは終わります。幾度もいうように納税は憲法が定める国民の義務です。会社に利益が出たら、それに応じた税金を納めるのは当たり前です。

ところが、その当たり前がさっぱりできていませんので、国（税金を取る側）も手間をかけて会社の帳面を調べ直します。この場合は、納めるべき税金を少なく計算していたことが問題になるので、決算書が全体として会社の働きを正しく反映しているかどうかは問いません。

だから、倉庫の材料を実際より少なく（→売上原価が増える→利益減る→税金が少ない）計算していたり、営業の月末売上高伝票が翌月回しに遅れて（売上繰延べ→利益未計上）いたりすると、会社が決算書を書き直すかどうかに関係なく、追加の税金だけは納めるようにいわれます。

それでは、会計的にみて税金を納めすぎていた場合はどうでしょうか。たとえば、会社が機械の減価償却費を、経理規則で定められた額より少な目に計算します。会計士はこれまで通りの基準で償却計算をやり直しなさいといいます。しかし、税務署は、会社の意思で少ない償却をして決算書を作り（償却費少ない→利益多い→税金多い）株主総会で承認されているなら、その通りで結構といって損益計算も納税計算も触りません。

これは、外部に正しい会計情報を公開させようという会計士と、公平な納税を厳しく徹底させようという税務署の立場が異なるからです。

チェックを受ける現場からみると、何度も同じことを聞かれたりして迷惑なことですが、多少は仕方がありません。

3　経理の説明努力が大切である

工場の人には、なかなかわかってもらえない検査の目的です。そこは経理の人が普段から現場に出ていって、よく説明し納得してもらいましょう。

41 社外監査役の役目は

Q 社外監査役を入れて、監査体制を強化せよという声が高いのですが、どうでしょうか。

Answer Point

　　大会社の監査役は、最低 3 人以上のうち、半数以上は社外監査役となっています。ただ、社長ほかの取締役に、社外監査役の意見をしっかり受け止めるだけの力量が必要です。

1　いちだんと期待が強まる

　近年、会社の不祥事が相次ぎました。業績不振を隠す粉飾決算、総会屋への利益供与、談合、贈賄による不当競争など、中身はいろいろでしたが、いずれも会社に法を守ろうという企業倫理が欠けていたから起こったことです。

　そこで出てきた議論はこうです。
「どうして監査役がいて、そういう不正行為がわからなかったのか」
「今の監査役は、株主総会で選出されるといっても、結局は社長の指名による。しかもたいていは取締役の退任者か、古手部長の定年退職者だ。社長のしたことに逆らえるはずがない」
「それなら、監査役は社内からの人でなく、会社の外の人を任命したらどうか。それなら自由な発言ができるだろう」
「では、大会社に限っては、少なくとも何人かは社外監査役を置くということにしてはどうか」

　これで現在は、大会社の監査役（最低 3 人以上）のうち、これまで 1 人以上だった社外監査役を平成17年からは半数以上に増やす予定です。実際問題として、商法ぎりぎりの規定数だけを置くと、その中の 1 人が不幸にして期中に亡くなられると、株主総会を開かねばなりません。したがって、多くの会社では、最低数＋ 1 人の社外監査役を置いています。

　しかも、この場合の「社外」は、以前に会社（子会社を含めて）の取締役だったり、社員だったりした人は資格がありません。これまで全く会社と縁

のなかった人だけが社外監査役になれるのです。

このほかに、大会社では常勤の監査役も最低1人は置くようにきめられています。これだけの条件をかなえようとすると、実際のケースではこうなります。

【図表3-2　役員の人数】

	一般会社	大会社※
取締役	3人以上	3人以上
監査役	1人以上	3人以上 うち常勤1人以上・ うち社外半数以上 (平成17年からの予定)

※1　大会社：資本金5億円以上または負債額200億円以上。

監査役は3人以上だから、安全をみて4人とします。そのうち社外監査役は半数以上ですが、ここも万一を考えてプラス1人の3人にします。社外監査役は、たいてい非常勤だから、残りの社内監査役1人が常勤になります。常勤1人では安心できませんから、もう1人増やすと今度は社外半数が欠けます。これでは少し厄介なことになります。あるいは、監査役4人を全部社外の人に頼むことにして、何とかそのうちの2人は、常勤ということになるのかもしれません。

2　適切な人材が見つかるかがポイント

監査役は取締役会に出席しなければなりませんし、そのうえ必要な場合には、自分の意見を言わなければなりません。その場で、社外監査役のほうが公正な自由発言ができるかどうかです。

日本の場合、アメリカのように会社間のトップ人事交流、企業と学者間の交流などがあまり進んでいません。そこで、社外監査役といってもたいていは、弁護士、会計士に頼むか、あるいは取引銀行のOBにきてもらうことが多いのです。

こういう人たちは確かに、多くの会社をみていて知識見聞も広いし、当社社長に遠慮する立場でもありません。しかし、逆に会社の歴史と現状をよく理解してもらい、実際に有効な意見を出してもらうためには、相当な勉強も必要です。

いずれにしても、有能な人を社外監査役に選んだうえで、社長ほかの取締役に、その意見を率直な態度で、しかもしっかり受け止めるだけの力量が必要です。そうでないと折角できた社外監査役制度も、無用の長物になってしまう恐れがあります。

42 監査日程はどのくらいが適当なの

Q 内部監査、外部監査を合わせると、ずい分日数をかけていますが、どの程度が適当でしょうか。

Answer Point

　　　監査役は、決算書を受け取ってから4週間以内に監査報告書を作成し、社長に提出しなければなりません。会計士の外部監査は、平均的な上場企業では、年間監査日数300〜400人日というところでしょう。

1　全部みることはできない

　昔、株式会社の監査役の仕事は楽でした。会社の経理課が作成した決算書をパラパラとみて、はんこを押したらそれで終わりというケースが多かったと思います。後は総会に出て監査報告書を読み上げたらお目付役の仕事はすみました。今でも非上場で、同族会社で中小企業という場合、事情はあまり変わっていないかもしれません。

　しかし、日本の経済が伸びる過程で、粉飾、不正、脱法など問題が何度も生じました。これに対応するため、監査役の制度はもっと強化し、監査の手間も費用もしっかりかけなさいという声が高まりました。

　大会社と一般会社では、監査役の役割が少し異なりますが、実際的に、1人か2人の監査役が、取締役の仕事を隅から隅までチェックしたり、経理の年間作業を伝票1枚1枚まで調べることはできません。

　小さな会社でも数人の経理担当が、1年365日毎日精出した経理事務を、全部見直すというのは、もちろん不可能ですし、そもそも無意味です。

　企業経理のどこをどうチェックしたら、全体としての決算の正確性を確かめられるか、そこで大事になるのが監査手順です。この手順に従って効率よく監査を進めます。

　原則として、監査役はできあがった決算書を受け取ってから、4週間以内に見終わって、監査報告書を作成し、社長に提出しなければなりません。もちろん、期中にも取締役の業務執行をみていますから、年中通して、かなりの忙しさになります。

2　外部監査は実態に合わせていろいろ

　会計士の外部監査は、監査役のチェックと異なり、経理の伝票処理などもかなり具体的に細かくみます。平均的な上場企業では、年間監査日数は300〜400人日というところでしょう。超大会社になると、さらに日数は増えます。

　監査をするほうも組織が大きくなって、監査法人が増えています。代表社員となる公認会計士を含めて5〜6人が1チームになり、本社、支店、工場の現場まで出張して監査作業をします。

　ただ、業種によって必要監査日数は異なります。また子会社を持っているかどうか（何百社も関連企業を持った会社がある）でも、監査範囲が随分違います。合併、増資のような大きな事柄が起きた年度は監査も念入りになります。

　つまり、いちがいに何日手間をかけたら監査は十分とは言い切れないのです。それでも、普段から、棚卸は正しく行う、売掛金は客先と定期的に照合するといった経理の仕事がきちんとできていれば、監査日数は合理化できるはずです。

　なお、監査ではありませんが、税務署の調査は、普通の上場会社ですと、2年に一度、3〜4人1チームで2〜3ヶ月の調査日数をかけるようです。全体としての決算書が正しくできているかをみる会計士と異なり、税務署は事柄を絞り込んで、売上計上もれ、在庫棚卸過少、経費水増しといったことを重点的に調査します。

　町の小さな会社だと、2人×1週間で3年分の納税をおさらいすることもあります。日数は会計士監査より少なくても、直接に税金がからんでくるので、会社側の対応は大変です。

　いずれにしても、工場や営業所など、いわゆる現場は、経理と違って、監査役も、会計士も税務署も「調査」を受ける点では同じことです。特に3者が時期的に重なったりすると、"なぜ一度にまとめてすまないのか"という不満も起きます。

　経理としては、それぞれの調査の目的と狙いを、営業や工場など現場の人に前もってよく説明しておくことが必要です。それで現場の協力姿勢をつくることができれば、調査もスムーズに早く終わることになります。

43 社内監査室の仕事は

Q 社内に監査室という組織があります。この部門の仕事はなんですか。監査役とは別のものですか。

Answer Point

監査室の仕事は、社内各部門の日常業務が正しく遂行されているかをチェックするものです。商法に規定された監査役とは、立場も目的も異なります

1 各部門の仕事は正しく進められているか

会社には、各部門ごとの業務規定があります。個人がそのときどきの勝手な判断で仕事をしないように、仕事の手順や、決済承認の方法などがきめられているのです。この規定がきちんと守られて仕事が計画通りに進んでいるかどうか、これをチェックするのが監査室に任された第一の仕事です。

たとえば、購買部が設備を買うときには、金額の多少によって決定者がきまっています。課長が自分の権限を越えるような購入はできません。監査室は、購入伝票や設備稟議書を調べて、手続き手順が違っていれば、すぐ改めるよう、購買部門長に改善提案をすることになります。

営業部門での売上計上が、経理規定で定めている出荷基準によらず、営業の勝手で早期計上されているという場合も、規定どおりに修正させます。あるいは、各部門が自分では気づかなかったような作業改善や仕事の効率化を横から助言するというサポートも監査室のお役目といっていいでしょう。

2 ベテランの人事交流が必要

こういう監査室の役割をしっかり果たすためには、まず営業から工場、研究に至るまで会社のいろんな部門の仕事がわかっていなければなりません。そのうえで、うまく行っていない部門の仕事については、どうすればよくなるのか改善意見をまとめて、きちんと説明し、相手を納得させるぐらいの力量が必要です。

経理のほかに、営業や生産の経験もあるベテランが監査室の組織に入って仕事をし、またラインに戻っていくのが望ましいローテーションです。

４ 法務部門の経理に関する疑問 Q & A

- Q44 会社名の前後についている(有)ってなに
- Q45 決算書の準備・日程はどうなっているの
- Q46 株主総会できめることは
- Q47 配当性向ってなに
- Q48 株式分割をすると株主が喜ぶのはなぜ
- Q49 資本金を増やすにはどんな方法があるの
- Q50 取締役の仕事・執行役員との違いは
- Q51 金庫株ってどういうこと
- Q52 株主代表訴訟ってなに

44 会社名の前後についている(有)ってなに

Q 会社名の頭に（有）とか（合）とか書いてあるところがありますが、（株）とは別ですか。

Answer Point

会社の名前である商号には、合名会社、合資会社、有限会社、株式会社という会社の種類を表す名称を必ずつけておかねばなりません。

1 責任の取り方が重い、あるいは軽い

区役所に出す書類などに、「職業欄」があると、つい「会社員」と記入してしまいます。しかし、よく考えてみると、会社員という職業はないのです。ただ"会社"という場所に行って、経理の仕事をしたり、研究の仕事をしている従業員（使用人、被雇用者）なのです。

ところで、その「会社」はなんなのかというと、大勢の人が力や金や知恵を出し合って仕事をしていくためにつくられた組織です。

2 4つの種類の会社を認める

日本では、次の4つの種類の会社を作ることが認められています。

(1) **合名会社**

親兄弟や親しい友人などの少数の人が集まって資本（仕事のもとで）を出し合う形の会社です。この場合の出資者が本当の意味の「社員」と呼ばれるものです。ここでは出資者である社員が全員代表権を持っていますし、その代わりに会社が業績不振に陥ると、私財をつぎこんでも、会社立て直しの責任があります。

(2) **合資会社**

親しい人が集まって作る点では合名会社と似ています。ただ、社員には無限責任社員と有限責任社員とがあり、後者は出資の範囲内で責任を負えばいいことになっています。

また有限責任社員には、業務執行の権限はありません。代表権を持つ社長になることもできません。

(3) 株式会社

広く一般の人からたくさんの資金を集めるのに適した形の会社組織です。出資した人は社員ではなく「株主」と呼び、いわば会社の持主といってもいいでしょう。株主は自分で直接会社の経営をするのではなく、別に専門の人を取締役に選び、仕事を任せます。

【図表4-1　会社の種類と数】

会社の種類	会社数（千社）
合名会社	6
合資会社	31
株式会社	1,089
有限会社	1,366

また、株主は自分が出資した分だけについて責任を持てばよいので、多くの人が安心して出資に応じてくれる仕組みになっています。

(4) 有限会社

株式会社にはきまりがたくさんありますが、有限会社はより簡単な手続きと仕組みで、会社を作れます。しかも株式会社の特徴を持った運営ができるようになっています。例えば、株式会社の資本金は最低でも1,000万円となっていますが、有限会社だったら、300万円の資本があれば、会社として仕事がスタートできます。

(1)～(3)の会社は商法の中のきまりでつくられますが、(4)だけは、別に有限会社法というのがあって、その規制によります。

3　名前を明らかにしておく

会社の名前を「商号」といいますが、商号の中には必ず会社の種類を表す名称をつけておかなければなりません。合名会社富士山とか富士山合名会社というように、社名の前につけても後につけても構いません。それを、名刺や封筒に刷るときは省略して、(合)富士山とか、(有)比叡山と表示するわけです。

町で○○商店とだけ看板に書いてある店は、50人従業員がいても個人商店で、会社ではありません。逆に家族3人でやっている八百屋でも、(株)八百屋と書いてあれば、立派な株式会社です。ちなみに日本の会社の数はざっと図表4-1のとおりです。

合名、合資会社数が少ないのは、だんだん経済社会の動きに合わなくなっているからでしょう。

45 決算書の準備・日程はどうなっているの

Q 株主総会に向けて、経理の決算書準備と作業日程はどうなっていますか。

Answer Point

　　監査のすんだ決算書は、株主総会日2週間前に本社に備え置きます。同じく、2週間前に、株主に発送する株主総会召集通知に、決算書が載せられています。

1　原則は、総会2週間前で準備完了

　前日の晩から、すっかり遠足の支度をととのえる子もいれば、その日の朝になって、ばたばたと用意して家を飛び出す子もいます。結局は、朝、学校の校門前を出発するバスの時間に間に合えばいいのですが、心構えは随分違うでしょう。

　株主総会は、決算期（日本の多くの会社は3月）のあと3か月以内に開かねばなりません。それまでに、経理は総会に提出する決算書を作り、監査役の監査も受けて、株主には前もって議案としての書類を送ることになっています。

　これは商法できめられたことですから、1日でも期日に遅れると、総会のやり直しということにもなりかねません。ですから、経理や総務、法務の担当者は基本日程を押さえたうえで、自部門の作業手順を作っておくべきでしょう。

　図表4-2は、普通の会社の監査日程です。総会日の7週間前に決算書を取締役から監査役に提出します。監査役はそれを4週間で調べて、監査報告書を取締役に提出します。

　監査のすんだ決算書は、付属明細書も合わせて、総会日2週間前に本社に備え置き、株主や債権者に自由に見てもらいます。同じく、2週間前には、株主に送る総会召集通知に、決算書が載せられています。

　このほかに、決算書の内容は、総会に先立って行われる新聞発表に使われますし、総会がすんだらすぐに財務省に提出する有価証券報告書をつくるベースにもなります。また、官報や日刊紙への公告も準備が必要です。

【図表4-2　決算書の監査日程】

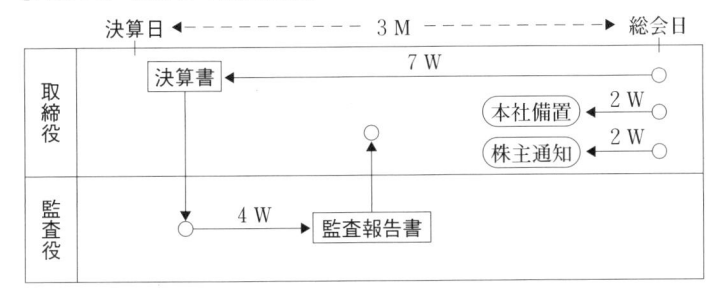

```
決算日 ◀ ──── 3M ──── ▶ 総会日

取締役：決算書 ── 7W ──▶ ○
                       本社備置 ◀ 2W ○
                       株主通知 ◀ 2W ○

監査役：○ ── 4W ──▶ 監査報告書
```

2　大会社と子会社は特例を適用する

　資本金１億円以下の小会社では、それほど監査の手間も要らないので、決算書の監査役提出は総会日前５週間、監査期間は４週間となっていますが、本社備え置きは１週間前でＯＫです。株主への通知は、小会社でも原則の総会前２週間が必要です。

　また大会社では、図表4-3のように、できあがった決算書は総会日８週間前に取締役から会計監査人（公認会計士）と監査役に並行して送られ、会計監査人は４週間で監査を終わって、報告書を取締役と監査役に回します。

　監査役は、それから１週間内に自分の報告書をつけて取締役に出します。したがって、大会社の決算書には、異なる形式の監査報告書が２通ついていることになります。

【図表4-3】

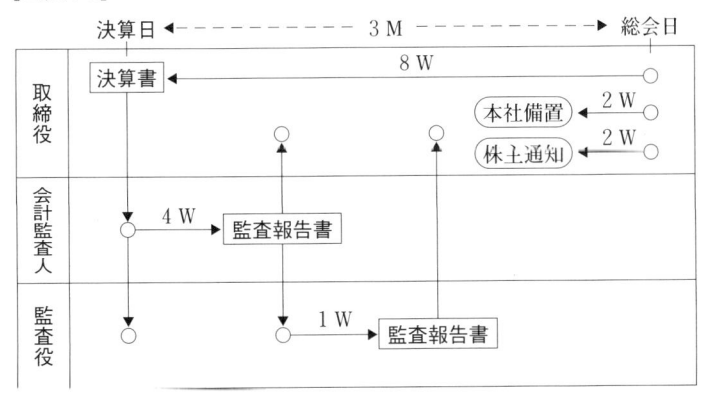

```
決算日 ◀ ──── 3M ──── ▶ 総会日

取締役：決算書 ◀ ── 8W ──── ○
                       本社備置 ◀ 2W ○
                       株主通知 ◀ 2W ○

会計監査人：○ ── 4W ──▶ 監査報告書

監査役：○ ────── 1W ──▶ 監査報告書
```

46 株主総会できめることは

Q 株主総会は重要だといわれる割には30分ぐらいで簡単にすんでしまいます。株主総会できめるのはどういうことですか。

Answer Point

株主総会の議案は一応商法できまっています。総会に出席する株主側から、反対意見が出ることも少ないので、短時間で終わってしまうことになります。

1 メインは利益処分と役員選任

株主総会に限りません。学校の同窓会でも、町内の敬老会でも、「会」と名のつく団体は1年に1回の総会を開きます。年間の収支や活動を総括して会員に報告し、承認してもらうのですが、たいていは面白くありません。それは、総会にかけられることが知られており、定まっており、改めて議論する余地が残っていないからです。会員のほうにも、あまりうるさいことはいわないでおこうという遠慮の気持ちが働いています。

株式会社の所有者である株主は、平常は会社の外にいて、経営そのものは取締役に任せています。だから、本当は総会のときこそ、取締役の経営報告を聞き、株主としての意見もいうべきです。

ところが、現在の株主総会は、会社側がすっかりお膳立てを整えたうえで開かれます。なかなか株主総会の席上で熱い議論が生じるすき間はありません。そこで準備に3か月も手間をかけた総会が30分間で終わってしまうのです。全株主数に比べて、実際の出席株主数がうんと少ないという、株主側の熱意不足もあります。正直にいって、総会は短時間で終わってほしいと考えている会社側の誠意の不足も原因の一つでしょう。

2 株主総会で最も大事なこと

商法は、株主総会にはかり、株主に決議してもらう事項を細かく定めていますが、最も大事なものは次のことです。

(1) 営業報告を聞き、貸借対照表、損益計算書を審議承認します。ただし、大会社で会計士の監査がすんでいれば、B／S、P／Lは報告を受けるだ

けで承認は省略されます。
(2) 利益処分案を承認します。これは、配当金こそ株主にとって最も大事な議案ですから、大会社でも省略はありません。
(3) 役員（取締役、監査役）を選任します。任期が取締役（2年）、監査役（4年）で異なるので、毎年のように議案が出ます。
(4) 退任役員への退職慰労金支給を決議します。
(5) その他。役員報酬額の枠を増額する。定款を変更する。他社と合併する。こういう大事なことはすべて総会にかけて承認決議をもらうことが必要です。

ただ、普通の会社で、役員任期も残っているような場合、総会にかける議案は決算書だけ、しかも大会社では利益処分案だけが決議対象ということになります。そうなると、総会はますます短時間で終わってしまうということになります。

3　IT総会をフリースタイルで開こう

他の会社と日が重ならないように総会を開く日を少し早めたり、総会後に株主との懇親会を開くなど、株主総会の内容を充実させる努力をしている会社があります。しかし、現行商法の規制の下では、なかなか総会の改善は難しいようです。

総会を生かす一つの方法は、商法のきまりを現実に合わせて改正し、ITを自由に使った総会ができるようにすることです。全国どこからでも株主はオンラインで総会に参加でき、意見も述べられるようにします。

既に、商法の一部が改正されて、平成14年6月の株主総会では、インターネットを使った投票もできるように工夫した会社があります。議決権行使書に議案の賛否を記入して郵送する代わりに、会社が決めた手順で、パソコンを使って会社のホームページにアクセスし、電子投票をするのです。

まだ実際に、この方法を利用した株主は少ないようですが、将来は賛否投票だけでなく、会社と株主の間での意見交換、自由討論がインターネットを通じて活発に行われるようになるでしょう。

そうなれば、今のように総会の場所や時間などにとらわれず、総会の内容をたっぷり充実させることもできるに違いありません。

47 配当性向ってなに

Q 配当性向というのはなんですか。また妥当な配当はどれくらいでしょうか。

Answer Point

配当性向は、当期利益のうち、配当に回した分はどれだけかを表す指標です。利益三分法など会社の考え方が配当には反映されます。

1 利益配分の割合である

今期の利益（税引後）は株主が自由に処分できます。その処分は、株主総会の決議にまかされているからです。といっても、上場会社などでは、会社が総会に先立って「利益処分案」を作り、その中で1株あたり配当金と配当金総額も書いてあります。総会では出席株主に対して賛否を問う形で配当もきまってしまいます。

配当性向は、当期利益のうち、配当に回した分はどれだけかを表す指標です。

$$配当性向 = \frac{配当額}{当期利益}$$

配当性向が高ければ、株主を大切に考えているのかというと、そうとも限りません。分母の当期利益が少なくて、配分額の割合が上がっただけかもしれません。また、会社の将来を考えて内部留保が必要な時期であれば、配当性向を高くして儲けの分をそっくり配当（外部流出）してしまうのは賢いとはいえません。

利益三分法といって、当期利益を、配当（株主へ）、役員賞与（役員へ）、内部留保（会社へ）に1／3ずつ分ける考え方もあります。これは、株主に片寄らない利益配分法です。また、利益が少なければ、当然の結果として配当も少なくなります。

2 配当政策に会社の考え方を反映させる

どれだけ配当をするかは、どんなふうに株主のことを考えているかにもよ

ります。
(1) **利益スライド型**

今期の利益と対応して配当を増減します。利益が増えたら配当はいくらでも増しますが、利益がなければ配当もすっぱり割り切って0にします。こうすれば、株主は、自分の受け取る配当に直接の影響があるので、会社の業績により高い関心を持ちます。

(2) **安定型**

会社の利益の大小にかかわらず、株主への配当は「1株あたり10円」というように毎期一定額にします。利益が少ない、あるいは赤字の場合でも、これまでの内部留保（配当準備金、繰越利益など）を取り崩して配当を一定額に維持することができます。

株主のほうは、会社の業績や経済状況に左右されずに配当を受け取れるので、安心感があります。

(3) **混合型**

安定配当を基本としながら、利益が予定より多かったり、会社創立30周年記念日を迎えるような年度では、3円増配というような弾力性を持たせる方法です。

配当政策については、決算書の中で会社の考え方、株主に対する姿勢などを表明することになっています。

3　配当利回りはどうか

1株あたり配当が50円（新しい商法で額面の考え方はなくなりましたが、もとの株式額面が50円とすると100％）もあると、日本では随分高配当の会社とみられます。しかし、そういう会社の株価は証券市場で2万円だったりします。業績が良いし、将来性もあると期待されるからです。

新しく2万円／1株を出して株主になった人は、年間の配当を50円もらっても、その利回りは0.25％にしかなりません。そうなると、株主は、50円の配当が60円になることよりも、2万円の株価が2万3,000円に上がることを望むでしょう。つまり、配当より株価に関心が行くのです。

配当政策は、会社が株主にどう配慮しているかを表していますが、市場の株価変動がその配慮を無意味にすることもあるのです。

48 株式分割をすると株主が喜ぶのはなぜ

Q 株式分割をすると、株主は喜ぶといわれますが、どうしてですか。

Answer Point

　　　たとえば1対2の分割では、持株数は2倍になりますが、1株あたりの純資産額は2分の1になるので、トータルの持分額は変化なしです。しかし、持っている株数は倍になるので、いくらかを手放して換金しやすくなります。

1　例えば、1株が2株に増える

　株式分割というのは、現在発行されている株式を一定割合で増やそうというものです。1対1.1の分割では、1万株が11,000株になります。もっと大幅に1対2の分割を会社がきめると、1万株は2倍の2万株になります。

　なぜこういうことをするのでしょうか。

　一番の理由は、その会社の株価が高くて（ということは業績も評判も良いということです）証券市場での流通性が低くなっていることです。1株2万円もする会社の株主になろうと思えば、取引の単位である1,000株買うには2,000万円必要です。もっとたくさんの人に自社の株を買ってもらうために会社は、現在の1株をたとえば2株に分割します。これは、単純に株式の数を倍にしただけで、会社の資産内容に変化が生じるわけではありません。つまり、計算だけでみると、その会社の1株あたりの純資産額は半分になったと考えられます。（図表4-4）

　株主の側からみると、1対2の分割で持株数は2倍になりましたが、1株あたりの純資産額は2分の1になったので、トータルの持分額は変化なしです。しかし、持っている株数は倍になりましたから、その中から少しぐらいは売ってもいいと手放しやすくなります。

　市場の株価のほうはどうなるでしょう。理論だけで考えますと、純資産／1株が半分になったので、それに見合って株価も下がるはずです。

　持株数が増えて手放す株主がいると、市場には株がたくさん出てきて、一層株価は低くなり、流通しやすくなります。

2　実際には計算どおりより上に動く

　株式分割をするような会社は、前に述べたように、もともと良い会社が多いのです。1対2の分割で、株の値段は、理屈の計算どおり2分の1にはならず、もう少し高いところで止まることがあります。そうなると、株主のほうは、1円もお金を出さずに、手持ちの株×株価が増えたことになります。

　極端な場合には、1対1.1の株式分割を発表したら、株価はその割合で下がるどころか却って発表した前より上がることもあります。

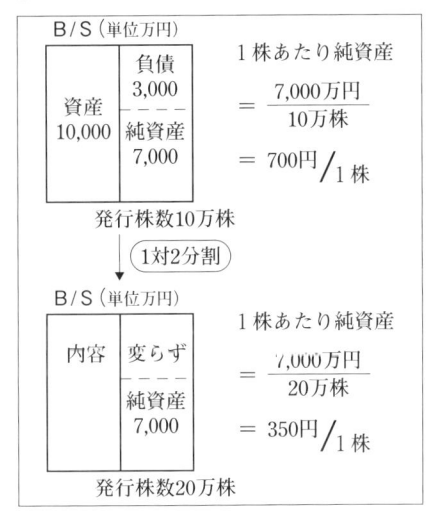

　こういうプラスが期待できるので、現在の株主は、株式分割を心待ちにすることが多いのです。

【図表4-4　株式分割と純資産/1株】

B/S（単位万円）

資産 10,000	負債 3,000
	純資産 7,000

発行株数10万株

1株あたり純資産
$$= \frac{7{,}000万円}{10万株} = 700円/1株$$

↓ 1対2分割

B/S（単位万円）

内容	変らず
	純資産 7,000

発行株数20万株

1株あたり純資産
$$= \frac{7{,}000万円}{20万株} = 350円/1株$$

みちくさ⑧
マイカーならきれいになる

　ある会社の話。営業も購買も何台かの社有車を共同で仕事に使っていた。その日最後に乗った利用者が、後片づけと掃除をして会社の車庫に入れるきまりである。

　職場提案があって、新しい仕組みに変えることにした。これまでの社有車は払い下げて、社員個人の私有車とする。その車に乗って営業の仕事に走った場合、走行キロ数に応じて、会社から個人に使用料（ガソリン代＋車償却費＋税金＋a）を払う。

　さて、一番大きく変わったところは、車内の灰皿が姿を消し、ボディがいつもピカピカに光っているようになったことである。筋論で言えば、私物より会社の物を大事にしなければならない。しかし、人情論も踏まえた仕事の工夫というのも、会社のなかでは必要なのかもしれない。

49 資本金を増やすにはどんな方法があるの

Q 会社の資本金を増すにはどんな方法がありますか。実際に会社に資金は入りますか。

Answer Point

公募増資や第三者割当の方法があり、いずれも資金は会社に入ります。

1 株主に追加出資してもらう

会社は新しい設備を作るのに、大きな資金が必要なときがあります。銀行から借金するのが手取り早い方法ですが、返済や利息のことを考慮して増資に頼ることも多いのです。増資による資金調達は、先々で返す心配をしなくてもいいですし、借入金利息にあたる配当金も、業績がよくなければ、無配ということでも通るからです。

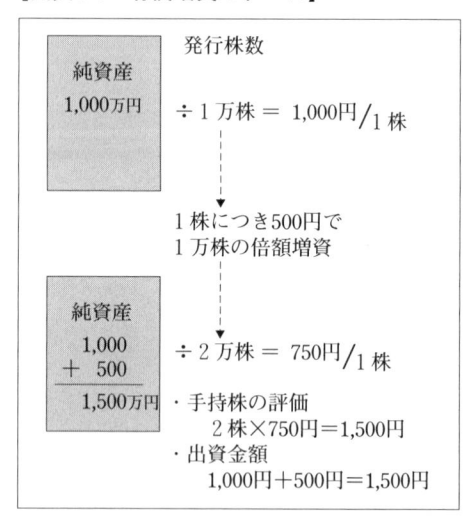

増資は、現在の株主に、持株数に応じて平等に行われます。たとえば倍額増資なら、所有株1株に対して新株1株を割当て、追加出資金の払込みをしてもらうのです。このとき、問題は新株1株についていくらお金を出してもらうかです。以前は額面割当増資といって、市場価格が1,000円していても、1株の額面50円で増資割当をすることが多かったのです。

しかし、現在は額面の意味がなくなって、市場価格を参考にした有償割当をすることが多いようです。この場合、全株主に平等に増資株数の割当があれば、株主のほうは出資した分だけは会社の中での資産持分が増える計算になり、損得はありません（図

【図表4-5 有償増資のケース】

```
純資産         発行株数
1,000万円   ÷ 1万株 = 1,000円／1株

           1株につき500円で
           1万株の倍額増資

純資産
1,000
+ 500      ÷ 2万株 = 750円／1株
1,500万円   ・手持株の評価
              2株×750円＝1,500円
           ・出資金額
              1,000円＋500円＝1,500円
```

表4-5)。

つまり、割当が平等であれば、有償金額が高くても低くても株主間の平等は保たれることになります。

ただ、割当増資の結果、自分の持株数が増えたり、市場人気が高まって株の値段が上がれば、結果的には株主のトクになるので、増資割当は株主に喜ばれることが多いようです。

もちろん、会社のほうから割当をいってきても、株主のほうでそれを引き受ける気がなければ、増資の払込みには応じなくてもいいのです。たまたま手元に増資に応じる資金がなかったり、どうせ投資をするなら、もっと別の会社の株式を買いたいと考える株主もいるでしょう。こういう場合に、引受けがなかった株式分は、失権株として会社側で別の処理をすることになります。

2　一般から広く出資してもらう

公募増資といって、実際の市場価格を考慮した値段で発行する新株を引き受けてくれる人を広く株主のほかに募集するのです。会社の業績が良くて、資産内容もしっかりしており、将来も株価は上がりそうだと期待できると、一般の人が増資に応じてくれます。

もちろん、このときは、会社の内容をきまりに従って詳しく情報公開し、会計士の監査もきちんと受けていなければなりません。場合によっては、増資目論見書を作り、詳しい会社情報を伝えると同時に、増資資金の使い途も公開説明します。

3　第三者に頼む

会社の状況が悪くて、株主も一般の人も簡単に増資に応じてくれないことがあります。また、この先、特定のある会社と密接な取引関係を結ぶために、特に頼んで当社の大株主になってほしい場合もあります。また、困難な財務状況を助けてもらうために、新株を渡し親企業になってもらいたいということもあるでしょう。

このとき、第三者割当といって、その特定の会社（あるいは人）に増資割当を全部引き受けて貰うことになります。ただ、この場合は、第三者への割当価格によってはこれまでの株主にとって利害得失の影響が生じますから、株主総会で特別決議による承認が必要です。

50 取締役の仕事・執行役員との違いは

Q 会社の取締役はどういう仕事をするのですか。また、最近は執行役員という名称をよくみますが、取締役とどこが違いますか。

Answer Point

取締役は、会社経営の基本事項をきめることにして、日常ライン業務は、執行役員に責任権限を任せようというものです。

1 取締役会が大事なことをきめる

取締役一人ひとりは株主総会で選ばれます。会社の所有はあくまで株主ですが、実際の経営は取締役に委任したという形です。

取締役は、全員が寄って取締役会を構成します。その取締役会が会社の経営について具体的なことを検討し、決議するのです。

もちろん、日常的な会社の仕事については、いちいち取締役会を開いてきめていては、手間がかかり過ぎますし、仕事のタイミングも遅れます。

そこで、取締役会は「代表取締役」を選び、会社の日々の業務遂行をまかせることにします。通常、会社の組織図上で「代表取締役　社長」と示されているポストがそれにあたります。また「代表」は社長1人に限らず、「代表取締役　専務」が何人いてもいいのです。

ただ、取締役会はあくまで社長の仕事を監督していなければなりませんし、次のような重要事項は取締役会できめなければなりません。

(1) 重要な財産の処分、譲受け
(2) 多額の借金
(3) 支配人など重要ポスト人事
(4) 支店や組織の変更

2 実際の仕事をするのは執行役員に

もともと取締役会は会社全体の動きを見定める役割でした。ところが、会社が伸びて、組織が分れてくると、それぞれ組織のトップに「取締役」という肩書きを持たせるようになりました。取締役人事部長とか、取締役大阪支

店長といったポストです。サラリーマン社会で、だんだん昇りつめていった最高ポストとして「取締役」が使われるようになったのです。

その結果、少し大きな上場会社では、取締役の人数が40人というのも珍しくありません。商法では取締役の数は3人以上となっていますからこれでもいいのです。しかし、そうなると取締役会といっても、小学校の1クラス授業のようなものです。

そこで、商法が考えている本来の形に戻ろうという会社が出てきました。毎日の営業活動を担当し、自分の責任範囲で仕事を運ぶ「執行役員」と、会社の基本方向を定め、全体を監督する取締役会を構成する「取締役」を分けようというのです。

実際の切り替えは、これまで40人いた取締役を、改選期に6～7人に絞り込み、他の人はそれぞれの担当職務を持つ執行役員に就くといった形になっています。執行役員は、商法上の取締役ではありませんから、選任、解任に株主総会の決議は要りません。

会社の経営活動をスピード化し、現場に即した業務執行を進めるという意味で、執行役員制度は、今後日本の企業で多く採り入れられるでしょう。

3　新しい形の執行役制度

新しく商法が改正されて、取締役会の形を大きく変えることも考えられています。これは、大会社についての新制度ですが、これまでの取締役会の中に3つの委員会をつくって職務分担をすると同時に、執行役を選任して会社の業務執行を委せることになります。

【図表4-6】

```
┌─────────────┐  選任
│ 取締役会      │  ⇒    ┌──────────┐
│ ●監査委員会   │        │ 執行役     │
│ ●指名委員会   │        │(代表執行役) │
│ ●報酬委員会   │  監督  └──────────┘
└─────────────┘
```
注：各委員会は取締役3人以上で構成され、その半数以上は社外取締役であること。

2にあげた現状での執行役員制度とは、法的にも少し立場が異なるものですが、アメリカでは既に広く取り入れられている経営方式です。

51 金庫株ってどういうこと

Q 商法が新しくなり、会社が金庫株を持ってもいいことになったそうですが、どういうことですか。

Answer Point

　これまで会社が、自己株式を買うことは禁じられていましたが、商法が改正され、自社株を買って、金庫に入れておくことができるようになりました。

1　自己株式保有は禁止されていた

　株式会社は多くの株主から資金を出してもらって成立っています。会社が自社の株式をお金で買うということは、特定の株主にその資金を返すことになります。

　それでは会社の資本に穴があくことになり危険なので、会社が自己株式を買い入れることは商法で禁じられていました。

　特別な場合で、会社がたまたま自己株を持つことになったときも、早い機会に処分して手放すように定めてありました。

2　規制がとけた

　自社の株式を買い入れて、会社で保有しておく（金庫に入れておく）ことができるようになりました。これによって、会社に余裕資金が遊んでいれば、自己株を購入することで財務改善ができます。配当で流出する源資も少なくてすみます。

　また、銀行や取引先が持っていた当社株を大量に売却したいときに、株式を市場に出すことなく、自己株式として引き取ることもできます。こうすれば、市場で株価が下がることも防げます。

　こうして手に入れた自己株式は、消却して数を減らすこともできますし、適当なときに、再発行して市場に出すことも認められています。所有期間の制約はありません。

　もちろん、一般株主の利益を損なうことがあってはいけないので、自己株式取得には定時株主総会で、株式の総数や、総金額などをきめておいてもら

わねばなりません。また、買入れの総額は、無制限ではなく商法で別に定められる配当可能利益が上限となっています。

さらに、会社が勝手に自社の株式を買入れたり処分したりすることで、市場価格を操作し、一部の人の利益になるようなことをするのは証券取引のルール違反として厳しく禁じられています。

3　株式の交換、移転ができる

規制緩和と、国際競争化の中で、企業グループの再編成が進んでいます。それを容易にするために、株式交換、株式移転の制度ができました。

株式交換は、B社株式を持っている株主甲に対して、A社がB社株式を引き取る代わりにA社株式を渡すという仕組みです。こうすることで、A社はB社の100%株主になることができます。（図表4-7）

もともと株式を譲渡するかどうかは株主の自由です。これまでは、株主甲が嫌だというと、B社株式を引き取ることはなかなか難しかったのです。株主総会の決議など、きまった手続きは必要ですが、この株式交換制度で100%の親子会社関係をつくることが容易になったといえます。

また、いくつかの会社の株主（C、D、E）が、それぞれの株式を新設会社（持株会社）に移転して、代わりに新設会社の新株式を発行してもらう制度もできました。

この方法で、複数会社の株式を100%所有し、コントロールする持株会社を設けることが容易になりました。（図表4-8）

【図表4-7　株式交換】

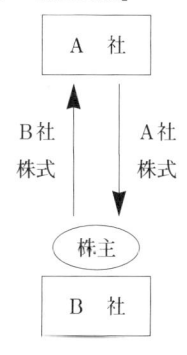

【図表4-8　株式移転】

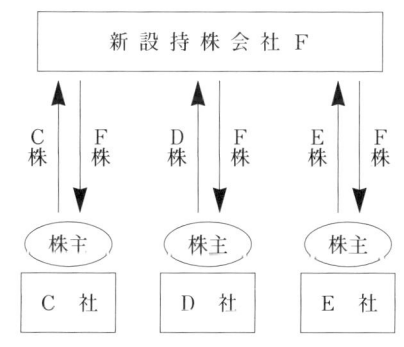

52 株主代表訴訟ってなに

Q 近頃、新聞によく株主代表訴訟という記事を見かけます。誰がなにを訴えて争っているのですか。

Answer Point

　取締役の仕事に大きな誤りがあったとき、株主が取締役の責任を追及し、会社に与えた損害を弁償させる制度です。

1 株主が訴えを起こす

　しばらく前のことになりますが、ある会社の海外支店で不祥事件があって、会社に多額の損害が生じました。その会社の株主が、これは社長以下取締役の経営監督が悪かったのだから、責任をとって損害額を会社に弁済しなさいという訴えを起こしました。会社に代わって、役員の責任を追及することができるのが株主代表訴訟です。この裁判では、1人の役員について200億円もの賠償金を命じられたということでも話題になりました。

2 訴訟を起こすには

　代表訴訟を起こす権利のあるのは、6か月前からずっとその会社の株主であった人に限られます。株主はいきなりではなく、いったんは会社に対して、取締役の責任を追及するように申し入れをします。会社がこれに応じない場合には、株主が直接に訴えを起こすことができるのです。この場合、裁判の原告は裁判を起こした株主であり、被告は責任を全うしなかったとされる取締役です。

3 取締役の賠償責任

　先に書いたように、七度生まれ変わって働き続けても払いきれないほどの賠償金を課される例がありました。これでは少し、責任が重すぎるというので、新しい商法では、総会決議や定款規定によって、①代表取締役は年間報酬額の6年分まで、②社内取締役は年間報酬額の4年分まで、③社外取締役は年間報酬額の2年分まで取締役の責任を軽減できるようになりました。

⑤ 工場の経理に関する疑問 Q&A

- Q53 棚卸ってどういうこと
- Q54 償却はなんのためにするの
- Q55 定率法と定額法のプラス・マイナスは
- Q56 有税償却ってどういうこと
- Q57 土地が減価償却できないのはなぜ
- Q58 仕入計上基準のきめ方は
- Q59 支払方法(支払手形)の期日短縮の影響は
- Q60 直接原価計算はどんなときに役立つの
- Q61 売上原価・売上総利益ってどういうこと
- Q62 棚卸不足分の処理は

53 棚卸ってどういうこと

Q 3月末の忙しいときに、きまって経理が材料棚卸といってきます、会社の仕事のなかで棚卸はどんな役に立っていますか。

Answer Point

　　工場では、原価計算のデータが作られる一方で、会計では、仕入金額と倉庫の中に残った棚卸金額をもとにして会社の損益を計算します。
　　また、棚卸された材料は、会社の財産として集計されます。

1　原価を計算するための基礎データ

　月末、給料日前になったら、財布の中身がいくら残っているか勘定してみることはありませんか。100円玉が3つしか入っていなければ、前月にもらった給料をおおかた使ってしまったなということになります。もし、10,000円札が5枚も残っていたら、今月は随分節約の生活ができたなと自分をほめるでしょう。手元に残った金額で使いっぷりを逆算するのです。

　工場の材料が、期末にどれだけ残っているかを調べるのも同じ理由です。工場では毎日材料を仕入れます。いったん倉庫に整理された材料は、生産計画に従って製造工場に出庫されます。もちろん出庫のときには伝票を発行して原価計算のデータが作られます。一方、会計では、仕入金額と倉庫の中に残った棚卸金額を元にして、この期間に現場に払出された材料費を計算するのです。

　もし期末の棚卸をいい加減にやって、本当は200万円ある材料を、150万円と少なく数えたとします。すると今期、工場が使った材料費は、図表5-1のように50万円多く計算され、工場の損益計算には損が生じることになります。

　これは、次の計画を立てたり、コストダウンの対策をするときにも影響することです。ですから、棚卸は倉庫にいまあるものを、正確に注意して調べることが大切なのです。

　棚卸が行われるのは工場の材料倉庫だけではありません。営業の店先においてある商品も、月末や期末にはきちんと数を調べて記録します。これは、お客さんに売った商品の原価を計算するために必要な作業です。

2 棚にある材料は大事な会社の財産

会社は株主から大切な資金を預かって仕事をしています。その仕事の成果（損益計算書）と、預かった資金の使い途（貸借対照表）を株主に毎年報告しなければなりません。

倉庫の材料は、会社のお金を払って購入したものです。期末に残っているものがあれば会社の財産として、きちんと数え上げておかねばなりません。

自分の財布の中の現金は100円玉一つ数え損なっても、自分だけのことですみます。しかし、多くの株主から預かった資金は、1円でも誤って数えることはできないのです。

このとき、残っている材料のなかに、もう使えなくなったり、傷でいたんだものがあれば、不良品として棚卸計算からは除かなければなりません。

もちろん、経理規定による"材料廃棄処分"の手続きをとってからのことです。

確かに、期末ごとに、経理の人や会計士の立会いのもとで棚卸をするのは、現場の人には面倒な作業かもしれません。しかし、会社にとって重要な意味を持っている棚卸です。

普段から、倉庫の中の整理整頓には気を配り、入庫・出庫の作業は伝票に従って正確に実行してください。

それが正しい棚卸と、正しい会計報告につながります。

【図表5-1 棚卸と材料費】

01-4-1 期首棚卸 100	期間中の 出庫高 100＋1,300 －200 ＝1,200	⇒	今期の 材料費 1,200
01/4～02/3 期間中の 仕入高 1,300	02-3-31 期末棚卸 200		

⇓ 棚卸を誤って50少なく計算

期首 100	出庫 100＋1,300 －150＝1,250	⇒	今期の 材料費 1,250
仕入 1,300	期末 150		

54 償却はなんのためにするの

Q 工場で新鋭機械を1億円で購入しました。周りから「減価償却だけでも大変だな」といわれています。償却というのはなんですか。

Answer Point

　　建物や機械は、使っている間に、値打ちが減っていきます。このことを減価償却と呼んでいます。値打ちが減った分は費用として計算されます。

1　減価償却は費用計算の方法

　車好きの人は、3年ぐらいで車を乗りかえます。3年前に200万円で買った新車は、大切に手入れして乗ったので、外観も痛んでいません。それが買い換えるときになって下取りというと、半値にもならなかったという経験はありませんか。

　それは見た目に変わりがなくても、3年も乗るとどこかが痛んでいるからです。流行遅れになって、その型はもう古いという事情もあるでしょう。もし下取値が80万円としたら、200万円−80万円＝120万円の値打ちはどこにいったのでしょう。

　これは、乗り回した3年間に減った車の値打ち、あるいは、車に乗って走らせる便利さと快適さのために、それだけかかった費用と考えることができます。

　このように、車に限らず、建物でも機械でも、使っている間に、初めの値打ちがだんだん減っていくことを減価償却と呼んでいます。減った分の値打ちはものを使ったことの費用です。本社建物の償却費なら損益計算の管理費項目に入りますし、工場の機械の償却費は製品のコストに加えられることになります。

2　減価償却の計算要素は3つ

(1)　取得価額

　減価償却計算のもとになる対象物の価額です。外部から買ったものなら購入価額ですが、ここには購入代金のほかに、引取運賃、運送保険料、購入手

数料、据付費、関税といったものまで含まれますから、注意が必要です。

自社でつくった自動組立機などの場合は、その製造原価（材料費、労務費、経費など）が取得価額になります。

また、他の会社と交換したり、貰ったりして手に入れたものは、普通に買った場合の時価を取得価額とします。

【図表5-2　減価償却の意味】

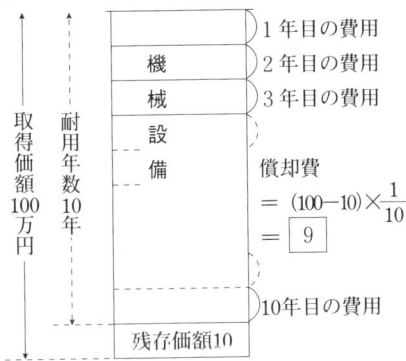

取得価額100万円／耐用年数10年

機械設備

1年目の費用
2年目の費用
3年目の費用

償却費 $= (100-10) \times \dfrac{1}{10}$
$= \boxed{9}$

10年目の費用

残存価額10

(2) 耐用年数

その設備が何年使えるかということです。10年使えるものなら、(1)の取得価額を使用期間10年に割り振って償却したらいいわけです。ところが、同じ車でも、使い方や手入れのやり方次第でもち具合は全く違ってきます。この機械は何年動くかも据えつけた場所や稼働状況によって変わってきますから、正確な判断は困難です。

そこで、たいていの会社は、税法が定めた耐用年数を使っています。これは、建物から機械、事務用品などまで、細かく分けられています。たとえば、パソコンは4年、金属製事務机は15年、電気計測器は10年といった具合です。実際にはこれより長く使うことも短く使うこともあるのですが、とりあえずその年数を前提にして償却を進めます。

(3) 残存価額

100万円の機械設備を耐用年数どおり5年間使って、処分します。そのとき、10万円で引き取ってもらえるとしたら、この設備は使った5年の間に（100万円－10万円＝90万円）だけを償却したら十分です。使い終わったあとに残った価値を残存価額と呼びます。

税法や会計の基準では、取得価額の10％を残存価額と考えることにしています。

もっとも、機械を取り除くとき、残存価額どころか、引取費用を払わないと持っていってくれないことがあります。この場合は、帳簿上の残存価額をきまった手順で会計処理したうえで、引取費用を別に経費として処理することになります。

55 定率法と定額法のプラス・マイナスは

Q 設備を減価償却するのに、定額法より定率法を使うほうがトクだという話を聞きました。どうしてそうなのですか。

Answer Point

毎年同じ金額を償却する定額法と、初めのほうで多く償却する定率法とでは、税務上の有利さと、経営上の安全さを考えて、定率法が多く採用されています。

1 定額法は、毎年同じだけの償却

流行のサプリメント（栄養剤）瓶をみると、「180粒入り、1日3粒、60日分」などと書いてあります。毎日規則正しく3粒ずつ飲んで2か月もつということです。

1,000万円の工場機械を減価償却する場合、3年間使えるとして、毎年同じだけ値打ちが減っていくと考えます。残存価額100万円を引いた900万円を3年間に配分すると、毎年の償却額は300万円ずつになります。これを定額法と呼びます。（図表5-3）

毎年の償却額が一定額になりますから、計算しやすくてわかりやすい方法です。また損益に与える影響も毎期同じなので、経営計画や原価管理をするうえでも便利です。

【図表5-3　定額法】

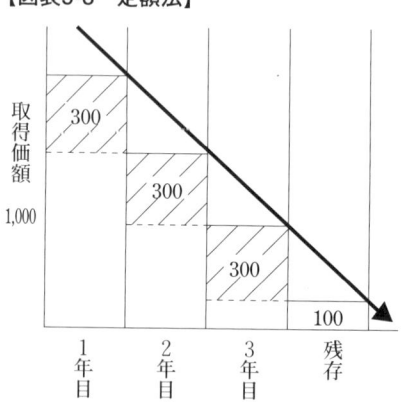

2 定率法は、初めに多く償却

車でもそうですが、中古品は年数が経つほど急速に値打ちが下がります。つまり、使い初めの1年目、2年目にどんと償却が進み、あとになるほど償却のスピードがゆっくりになる計算法を定率法と呼びます。（図表5-4）

たとえば、前例と同じ機械を3年定率法で償却する場合、償却率がきまっていて、簿価×0.536を3年間続けて計算すると、残存価額が丁度10％にな

ります。1年目536万円と、3年目116万円では、5倍近く費用になる償却費が違ってきます。

1年目の損益計算では、それだけ利益が少なく計算されますが、かかってくる税金は少なくてすみます。3年経ったところでは同じになるのですが、税金支払いが遅くてすむということです。

また、技術進歩の早い電子業界などでは、製造設備がすぐ旧型化してしまいます。それに備えて早目に償却を進めるのが、経営としては優れた方法です。このようないくつかの理由で、償却は定率法を選ぶほうが有利だといわれているのです。

【図表5-4　定率法】

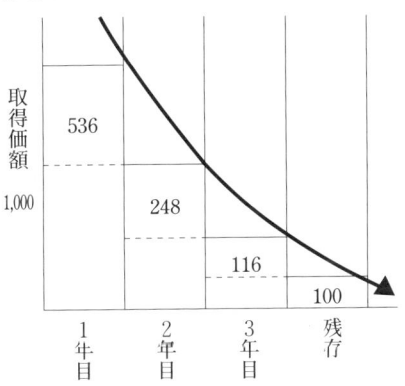

1：1,000×0.536＝536
2：(1,000－536)×0.536＝248
3：(1,000－784)×0.536＝116

税法あるいは会計原則は、どちらの方法を選んでもいいことになっています。日本の会社では、定率法を選ぶことが多いようです。（ただし、建物は定額法と定められています）

3　償却の方法を変えたいときは

これまで適用してきた減価償却の方法を、何かの理由で変更したいというときには、次のような処理が必要になります。

(1)　定額法→定率法へ

対象となる資産の取得価額は、適用変更期の期首簿価を使います。償却率は、その資産のもともとの耐用年数に見合った定率法の償却率を使います。つまり、残った耐用年数期間に定率法が適用されることになります。

(2)　定率法→定額法へ

取得価額は、変更期首簿価ですが、残存価額は最初の取得価額の10％とします。これから後の耐用年数は、その資産のもともとの耐用年数か、その法定耐用年数－経過年数のどちらかを選びます。

償却方法を変えたいときは、変更の理由や、それによる影響額などもはっきりさせておくことが大事です。

56 有税償却ってどういうこと

Q 良い会社は有税償却をしていると聞きました。これはどういうことですか。

Answer Point

　　税金がかかるのを承知のうえで、税法できめられた限度額より償却を多く計算することを有税償却と呼んでいます。

1　税金は払うつもりで償却を早める

　技術の進歩が早く、競争の厳しい業界では、できるだけ早く設備機械の償却をすませたいと考えます。製品販売で原価回収したうえで、新しい設備に取り替えたいのです。それは企業として経営上必要な対策ですから、会社が自分の正しいと考える方法を取るのは自由です。たとえば、耐用年数10年の機械を、半分の5年間で償却してしまいたいときめます。

　その場合でも、税法は、規則どおりの10年で償却をしたものと考え、損益計算を税務上で修正します。そのうえで増えた利益額に課税しますので、会社発表の利益に対するよりも多い目の税金がかかるわけです。それを承知のうえで償却を多く計算することを有税償却と呼んでいるのです。(図表5-5)

【図表5-5　有税償却の計算】

機械価額	1,000万円	
定率法採用		
耐用年数	率	償却額
10年	0.206	206万円
5年	0.369	369万円

	会社計算	税法計算
償却前利益	500	500
償却後利益	131	246
税金（30%）	39	74

2　有税償却は自信の表れ

　早い目に償却（費用）を進めようというぐらいの会社は、利益もあがっているし、将来への業績に自信もあるところが多いのです。それで、有税償却会社イコール優良企業という見方が出てくるわけです。

　決算書の脚注をよく読むと、有税償却してあるかは書いてあります。

57 土地が減価償却できないのはなぜ

Q 土地は減価償却できないそうですが、なぜですか。最近は土地の価格が下がっているくらいですが、それでも償却はしませんか。

Answer Point

　土地は、いくら使っても減ったりなくなったりということはありません。使ったり、古くなったりで値打ちが減ることのないものは、減価償却できません。

1　土地は使っても減らない

　土地は供給が限られていますが、使用のほうは、いくら使っても土地自身が減ったりなくなったりということはありません。こういう、使ったり、古くなったりで値打ちが減ることのないものは、減価償却をすることができません。

　社長さんが絵が好きで、会社の応接室に有名画家の立派な絵をかけていることがあります。美術工芸品とか骨とう品の類いは、時間が経つとかえって時価が上がるくらいですから、土地と同じく償却はできません。

　複製絵画はいくらうまくできていても、単なる装飾品ですから、応接ソファーと同じく汚れたら値打ちが落ちます。つまり償却してもいいのです。

2　償却と値下げは別のこと

　ここ数年は、全国的に土地の評価額が何％かずつ低下しています。これは物の市場価格が下がったということです。会社の外で起きている事柄です。減価償却は、物の使用によって減ったはずの価値を費用として計算するという会社内部の会計処理です。

　ですから、もともと償却のない土地は、実際の市価が下がっても、償却で帳簿価格を下げることはありません。

　ただ、これから先、土地の値段が下がり続けて、以前に買ったときの値段とあまりにかけ違うようなことになれば、土地の簿価を時価に合わせて直接に切り下げることもあります。土地の再評価で、実態に近いところに土地の会計的評価を合わせようということです。

58 仕入計上基準のきめ方は

Q 工場では、外注部品を受入れて検収した後、伝票を経理に回しています。外注先から、もっと早く支払いをと申し出がありました。

Answer Point

　　部品などを買うとき、どの時点で仕入に計上すべきかは大事なポイントです。損益計算、在庫棚卸にからんでくる問題ですから、慎重にきめる必要があります。

1　いつ仕入れたかと、いつ払うかは別

　世の中にはケチが高じて、"出すものは舌を出すのも嫌"という人がいます。こういう人は、物を買ってもすぐには財布を出して払おうとしません。その代わり回りからもつき合いを嫌われます。

　しかし、会社が商品や材料、部品を仕入れるときはあまり気前よさを発揮してはいけません。あくまで慎重にすべきです。

　まず、部品などを買うとき、どの時点で仕入に計上すべきかが大事なポイントになります。

　これは、支払いがいつになるかの問題ばかりでなく、損益計算、在庫棚卸にからんでくる問題だからです。

(1)　受取基準

　部品を実際に受け取った時点で仕入の処理する方法です。納入品の数や品質に問題が起きないようなものなら、受取＝仕入と考え、伝票に押した受領印の日付で仕入買掛計上の経理処理をします。

　仕入計上としては一番早い方法です。

(2)　検収基準

　納品されたものの数量と品質をきちんと調べたうえ、検収合格になった時点で仕入れたことにするのが検収基準です。デパートでバーゲンのシャツを買うときでも、大きさは合うか、ほころびはないかぐらいは調べるでしょう。

　部品購入は、さらに慎重であるべき会社の買い物ですから、納入品の中味を確かめてから仕入ＯＫにするのは当然です。実務のなかでは、最も広く採用されている仕入計上基準といってもいいでしょう。

相手外注先にも、検収合格通知をしますし、経理の買掛金計上も、検収日で行われます。

さて、仕入処理ができて、買掛金計上もすんだあと、どう支払うかは財務の問題です。20日締切りで翌月10日支払いか、月末締切りで翌々月5日支払いか。また、支払いは、現金か手形か。そういったことは、外注契約のなかで別にきめる必要があります。

【図表5-6　仕入の手順と計上時期】

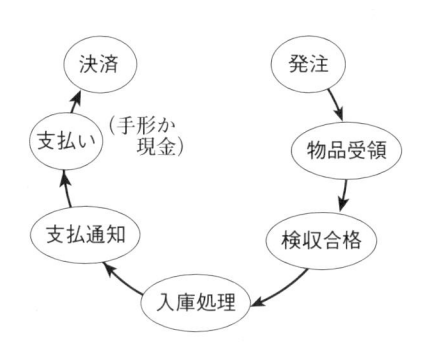

もちろん、部品受入れの窓口である工場では、納品後3日以内検収という約束があれば、それはしっかり守るよう作業しなければなりません。とくに締切日近くの納品について検収が遅れると、支払いが1か月ずれて先方に迷惑をかけるようなことが起きるからです。

(3) 支払基準

代金を支払ったときに、はじめて仕入計上の処理をする方法です。物事がはっきりしていて、けじめのつけやすいやり方ですが、手形で払う、現金で払うなど、支払方法によっても基準が変わってきますから、きまりをしっかりつくることが大切です。

また、支払以前に品物はすでにこちらの倉庫に入っていますから、月末の棚卸には注意が必要になります。

2　期末の納品と棚卸区分

3月末の決算日近くに納品されたものは、忙しくて手が回らず未検収のまま期末日を迎えることがあります。品物はすでに倉庫内にあっても、未検収のものはまだこちらに仕入の手続きがすんでいないのですから、いわば外注先からの預り品です。

期末棚卸をするときは、とくに注意して未検収品を区分しなければなりません。

そういう混乱を防ぐために、発注計画を立てるときに、あらかじめ期末日近くの納品は避けるような工夫も必要です。

59 支払方法（支払手形）の期日短縮の影響は

Q 材料を買っている仕入先から、支払手形の期日を短縮してくれと要望してきました。取引にどんな影響がありますか。

Answer Point

　　外注先と窓口工場だけの交渉事項ではなく、当社の財務とも相談してください。先方が期日短縮を申し出た理由にもよりますが、要注意信号かもしれません。

1　支払条件は契約で明確にしておく

　客先から代金をどう払ってもらえるかは、当社にとって大問題です。同じように当社の「支払い」は仕入相手にとって死活にかかわることです。

　取引に当たって、支払条件は双方相談のうえ契約条項としておりこまれます。「毎月末日までの検収合格に対し、翌月20日に現金、手形2分の1ずつで支払う」といった条件です。

　この条件は、双方の会社にとって財務計画の基本となります。一寸今月は困っているから、支払いを延ばすとか、逆に急にお金が要るから先払いしてほしいとかいうのは原則禁止です。

2　手形は支払いの先延ばし

　仕入分の支払いは、現金（実際は銀行の当座預金振替え）か、支払手形によることがほとんどです。現金で払ってしまえばさっぱりするのですが、こちらの資金繰りの都合もあります。

　支払手形は「60日先の9月10日になったら、この手形に記載してある金額100万円を銀行で払えるように用意しておきます」という約束証文です。振出人のこちらは、どんなことがあっても9月10日の期日までに資金を準備しておかねばなりません。外注先が、手形期日の60日を30日にしてほしいというのは、こちらで資金手当を1か月早い8月10日までにしておくということです。外注先と窓口工場だけの交渉事項ではなく、当社の財務とも相談したうえでのきめごとになります。

　先方が期日短縮を申し出た理由も知る必要があります。仕事が増えて残業

が多く、そのための人件費支払いに当てたいとか、新鋭機械購入で臨時の資金が要るというようなことなら考慮の余地があります。しかし、経営がまずくて、資金繰りが行き詰っているのかもしれません。取引銀行も貸さないというような状況での支払条件交渉なら、要注意です。

もし手形の不渡り倒産というようなことになると、先方の仕事はストップします。当社が購入している材料も期日に納入されず、こちらの生産工程に大きな影響も生じかねません。先方が取引している銀行や、同業者などにも問い合わせて、その仕入先の経営状況をよく調べ直すほうが安全です。

ある電機会社では、外注取引先への支払いに手形は止めて、すっかり現金払いにしました。これは、外注先の資金計画を立て直し、財務内容を強くすることで、注文部品の品質、納期、原価改善につなぐことを期待し、その方向に指導したのです。

どっちみち払わねばならない買掛金なら、管理に手間のかかる手形支払いではなく、きっぱり現金で片をつけてしまうほうが、当社の財務計画を動かすのに便利かつ有効かもしれません。

3　買掛金も残高確認を

営業の売掛金残高は、期末の会計士監査も含めて客先と照合が行われています（図表5-7）。この残高確認は、仕入先との間の勘定についても実施しておくほうがいいのです。つい買う立場のほうが強いので、こちらの買掛金計算の結果を先方に押しつけるようなことになりがちですが、それは双方にとってよくありません。先方から戻ってきた確認書の金額に差がある場合は、できるだけ早い機会に双方の記録をつき合わせて調整してください。

【図表5-7　買掛金残高の確認書例】

```
××株式会社御中
                    平成×年×月×日
                    ○○株式会社財務部
 （前文　略）
　さて弊社第10期決算に際し、貴社買掛金残高についてご確認をいただきたく存じます。
　弊社に対する貴社売掛金残高とご照合のうえ、回答書に金額ご記入のうえご返送お願いいたします。
　なお、金額に相違ある場合は、必要事項を合わせご記入ください。
              記
　貴社に対する平成×年３月31日現在の
　買掛金残高　　　　　123,456円
```

60 直接原価計算はどんなときに役立つの

Q 工場で製品の受注をきめるときは、直接原価を考慮しろといわれました。直接原価はどういうときに役立ちますか。

Answer Point

追加注文を取るほうがいいか、A製品とB製品の生産数量をどう組み合わせるかといった判断をするときに、直接原価の考える方が役立ちます。

1 原価の要素には直接費と間接費がある

物を作るときには、いくら費用がかかるか原価の計算をします。その場合、たとえば自動車を組み立てるのに、1台の自動車には必ずハンドルは1個、タイヤは4本必要です。この部品費用は、車を100台作ったら100個と400本と生産台数に比例して増えます。こういう原価を直接費（あるいは変動費）といいます。

これに対して、工場の照明費とか作業者の給料は1か月分いくらときまっていて、生産台数に直接は左右されません（忙しくなって仕事が増えたら残業代が増えるというようなことはありますが、ここでは省略します）。こういう費用を間接費（あるいは固定費）といいます。

製品の原価は、この直接費＋間接費＝総原価として計算されるのが原則です。図表5-8の例で、100個つくったときのA製品の総原価は10,000円ですから、1箇あたり原価100円となりました。

2 原価100円のものを95円で売っていいか

ここで営業から「新しい客先甲がA製品を1個95円なら買うといっているから受注したい」と連絡してきました。工場は、これまでA製品を100個作ってきて、1個あたり原価は100円とわかっているので、それを95円で売っては損になると判断し、注文は断るように営業に返事しました。その判断は正しかったでしょうか。

客先甲の注文はこれまでの生産100個の上乗せです。直接費である材料はそれだけ余分に要りますが、工場の設備などはそのままで200個生産できる

【図表5-8　A製品の原価】

	生産100個の場合	200個の場合
材料費（直接費）	8,000	16,000
経費（間接費）	2,000	2,000
総原価	10,000	18,000
1個の原価	100	90
	(10,000÷100)	(18,000÷200)

【図表5-9　損益計算】

売上高（200個×95）	19,000
原価（16,000＋2,000）	18,000
利益	1,000

としたら、間接費は全部で2,000円のままです。

改めて、1個95円で200個売った場合の損益計算をしてみると、図表5-9のように1,000円の利益が出る結果になります。つまり、営業からの追加注文は、工場側が忙しくなることを別にしたら引き受けるのが正解だったのです。

間接費である経費分は、工場が動いても動かなくても発生する費用です。極端な場合には、生産が0でもこの分の費用はかかります。そのうえで、この工場のA製品の原価は直接費80円だけと考えるのです。そう考えたら、たとえ売値が85円でも90円でも、直接原価80円をカバーしていたら受注したほうが工場にとってトクなのです。

このように、追加注文を取るべきかどうか、A製品とB製品の生産数量の組み合わせをどう変えるべきかといった判断をするときに、1個あたり総原価でなく、直接原価をベースにして計算してみると、正しい結果が見えて役立つことがあります。

3　標準原価は別

最も合理的な設計と、もっとも効率的な作業で製品を作ったら、いくらでできるだろうというのが標準原価です。ここには標準的な間接費も含まれます。経営の目標を立てたり、成果をはかるときのベースとして使われます。

61 売上原価・売上総利益ってどういうこと

Q 工場では、製品を出荷するだけです。それが決算書の売上とどう結びついているのか、売上と原価の関係をわかりやすく説明してください。

Answer Point

　客先注文を受けて出荷納品されたものが売上高に対応する売上原価です。
　売上高から売上原価を差し引いたものが売上総利益です。

1　作るほうと売るほうの連携プレー

　会社の中で、組織が別だとなかなかお互いの意思を交流させるのは難しいことがあります。とくに、営業部門と、生産部門の間では、受注－生産－出荷－納品という大事なサイクルを分担しているという認識、あるいはお互いの立場への思いやりに欠けていることがあります。
　作る立場の人達も、自分の作った製品コストが、営業の人達の努力結果である売上とどう関係しているのかを知っておくのは大事なことです

2　材料購入からスタート

　図表5-10をみてください。これは普通のメーカーの材料仕入から、製品販売までの「物の流れ」を経理的に表したものです。物を仕入れたり出荷したりする部門では、毎年の始めと終りに、手元の材料や仕掛品などを棚卸して、在り高を確認します。それが次の営業サイクル部門にものをバトンタッチすることにつながります。
　仕入れた材料は、労務費と経費を加えて生産工程にのり仕掛品から完成品となって、営業倉庫に入ります。客先注文を受けて出荷納品されたものが売上高に対応する売上原価です。
　工場倉庫から生産現場、営業倉庫への物が動き、最終は営業から客先へ納品されて会社の仕事は完了です。この移動の各段階で、少しでも計算の誤りがあると、最後まで会社の損益計算に影響がでてくることになります。
　売上高から売上原価を差し引いたものが売上総利益です（図表5-11）。これは、工場で作った製品のコストと、営業が客先に売った値段の差ですが、

最も直接的、基本的な会社活動の成果を表す数値です。

売上総利益率の高い会社は、価格競争に強い良い商品をたくさん持っていると評価できます。

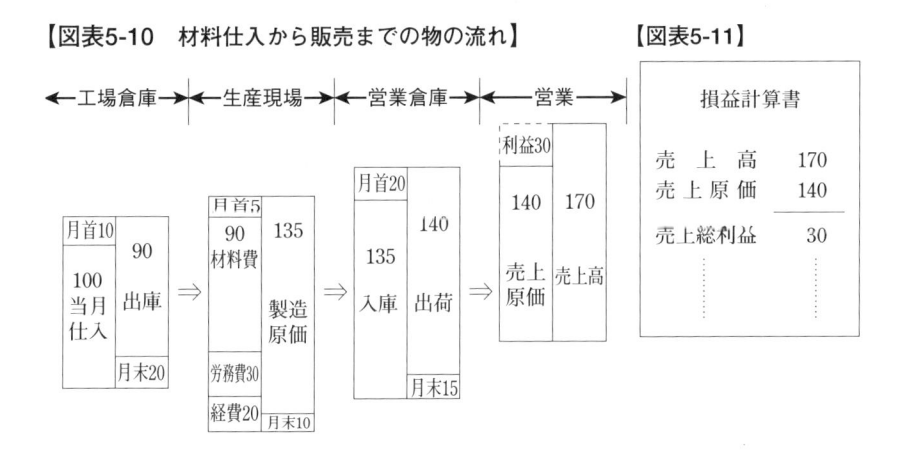

【図表5-10　材料仕入から販売までの物の流れ】　　【図表5-11】

（工場倉庫→生産現場→営業倉庫→営業）

工場倉庫：月首10、当月仕入100、出庫90、月末20
生産現場：材料費90（月首5、月末10）、労務費30、経費20、製造原価135
営業倉庫：月首20、入庫135、出荷140、月末15
営業：売上原価140、売上高170、利益30

損益計算書

売上高	170
売上原価	140
売上総利益	30

みちくさ⑨　サムライ（士）の数

経理に関係がある独立職業というのは、公認会計士、税理士などであろう。今日本では、表のような「士」がいる。アメリカでは、会計士も弁護士も、ざっとこの10倍くらいはいるようだ。いくら面積が日本の10倍あるといっても、国民人口はせいぜい2倍だから、よほど監査や裁判の仕事がたくさんあるのだろうか。

さて、会計士も税理士も国家試験で、しかも合格するのはなかなか難しいといわれる。しかし、毎年何百人かが必ず合格する試験である。しかも、年に1人ぐらいは、60歳を過ぎた方や10代の若者が難関を越えている。挑戦してみる価値はあるサムライ職である。

	人　数
公認会計士	14,273人
税理士	65,539人
弁護士	18,850人

（平成14年）

62 棚卸不足分の処理は

Q いつものように、月末の部品棚卸をしたら、現物の数が帳簿残より5個足りませんでした。放っておいて構いませんか。

Answer Point

　　　　原因をよく調べたうえで、帳簿のほうを現物の数に合わせて修正します。工場倉庫の棚卸差をなくすためには、なによりもまず倉庫内の整理整頓です。

1　数が合わない原因

　お母さんが、子供の数に合わせておやつを買ってきます。さて3時に箱を開けたら一つ数が足りません。これは誰かが先に1個つまみ食いをした結果でしょう。

　このように、あるべきはずの数が足りなかった（あるいは反対に多過ぎて余った）ということはよく起ります。工場の部品倉庫のように、物の出し入れが激しいところではこういう棚卸差が生じやすいのです。もちろん、差はないほうがいいのですが、考えられる原因はいろいろあります。

- ・現品を伝票より少なく受け取った
- ・棚の現品を数え間違った
- ・現場に2重に払い出した
- ・伝票なしで現場に部品を出した
- ・帳簿の集計を誤った
- ・伝票の帳簿記入が遅れた

2　現物のほうに合わせる

　原因をどう調べ直しても違いがわからければ、帳簿のほうを現物の数に合わせて修正します。もちろん、責任者の承認を受けたうえで、棚卸損の伝票を切ることを省略してはいけません。たとえ部品1個でも会社の財産が足りなくなったのだから、倉庫担当としては責任があります。

　帳簿より棚卸現物のほうが多い場合も同じです。どんな原因だったにしても処理ミスがあったのです。現物が多いのは放っておこうというのは二重の誤りです。やはり修正伝票を切り、帳簿の数を現物に合わせてください。

　工場倉庫の棚卸差をなくすためには、まず倉庫内の整理整頓です。きれいに掃除の行きとどいた倉庫では、不思議と棚卸差が少ないものです。

⑥ 人事部門の経理に関する疑問Q&A

- Q63 ストックオプション制度ってどういうもの
- Q64 源泉税ってなに・どう計算するの
- Q65 退職金の計算と注意点は
- Q66 厚生費と交際費の分かれ目は
- Q67 退職金や賞与のための引当はいるの
- Q68 海外出張費の処理は
- Q69 確定申告って誰がするの
- Q70 現物給与って税金がかかるの
- Q71 相続税・贈与税の仕組みは
- Q72 年金はどう変わるの

63 ストックオプション制度ってどういうもの

Q 社員の仕事意欲を高めるインセンティブとして、株式のオプション制度を取り入れたらという話がありますが、どうですか。

Answer Point

　役員、社員に株式購入の権利（オプション）を与えることで、経営意欲を高め、株価上昇につながることを狙いにしています。

1　もともとはベンチャー企業向き

　ベンチャー企業を起こすにはリスクがつきものです。うまく成功して、短期間に売上を伸ばし、株式上場までこぎつける会社もあれば、2～3年で資金がつきて店じまいをするところもたくさんあるのです。

　こういうリスクを負って仕事を始める人には、代わりに成功報酬も多くていいはずです。そこで、会社をスタートさせるときに、経営の中心となる人に「将来、この会社の株式を一定価格で、一定株数まで買う権利を与える」と約束します。これが新株予約権と呼ばれるものです。

　たとえば、1,000円で10万株買う権利（オプション）を与えるのです。その人が努力した結果、会社の業績が上がって、株価が急上昇し、5,000円になったとします。その時点で権利を実行すると、会社から1,000円で譲り受けた株式を5,000円の市場価格で売却できますから、10万株×（5,000円－1,000円）＝4億円の利益を得られるわけです。

　アメリカでは早くからこのやり方を採用していて、ＩＴ関連の事業成功者は何百万ドルもの報酬を手にしました。日本でも、最近このオプション制を採用する会社が増えています。ベンチャー企業に限らず、一般の会社でも、役員にこの権利を与えることで、経営意欲を高め、株価上昇につながることを狙いにしています。対象範囲を役員から部課長管理職まで拡げる会社も増えているようです。

　もちろん、この制度を採用するには、株主総会で対象者や株数、株価などを明らかにして承認を取らねばなりません。

　一般社員のレベルまで広くこのオプション制度を取り入れることが本当に

有効かどうかは、会社の実情によって大きな差があります。

2　オプション権利行使の利益には課税

株式の市場価格が上がったときに、きめられた低い価格で買うことができる権利ですから、これは経済的利益です。無条件にトクしたことにはなりません。税法によって、得られた利益には課税されます。

日本では、まだオプションが定着していませんので、解釈の違いで時々課税トラブルが生じています。

会社でこの制度を採用するときは、前もって課税関係のきまりを明確にして、社員側にも指導しておく必要があります。

図表6-1の例では、権利行使した時点で700円の利益が生じます。行使と同時に売却すれば、利益は700円止まりです。もし先に持ち続けて、株価が上がったところで売れば、さらに利益が得られますが、逆に、行使時点から株価が下がって損をすることももちろんあります。

それは、ストックオプションに限らず、普通の株式売買でも、長くもっていて得をしたり損をしたりがあるのと同じことです。また、この新株予約権を付与するときには、権利の行使期間などもあらかじめきめられていますから、その期間内に、権利者の努力がみのって株価が上がってくれないと、せっかくのオプションが死んでしまうということもあります。

【図表6-1　ストックオプション】

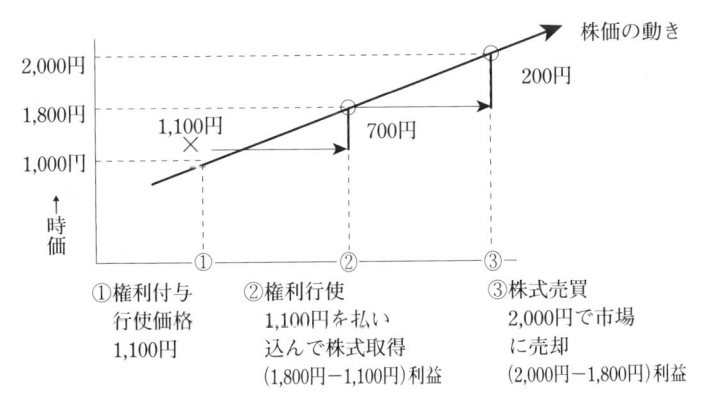

①権利付与
　行使価格
　1,100円

②権利行使
　1,100円を払い
　込んで株式取得
　(1,800円−1,100円)利益

③株式売買
　2,000円で市場
　に売却
　(2,000円−1,800円)利益

64 源泉税ってなに・どう計算するの

Q サラリーマンが貰う給料袋から差引いてある源泉税というのはなんですか。どうやって計算されるのですか。

Answer Point

　月々の給料を貰うときに、初めから見合う分だけを源泉所得税として差引き、会社が代わって税務署に毎月納めることになっています。これを源泉徴収といいま

1　年間所得税の月割納付である

　給付袋を開けて明細表を眺めると、誰でも"なんでこんなに税金を取られているのだ"と嘆かないではいられません。この3分の1でも自由にできる小遣いに回せたらいいのにと思うでしょう。

　しかし、これは憲法に定めた国民の義務として、法律によって納める税金なのです。そのもとになるのは所得税法というものです。サラリーマンも、家主も、タレントも、個人で仕事をして、お金を稼いでいる人は皆この所得税法で同じように平等に課税されます（会社の場合は、法人税法という別の法律によって、仕組みの異なる税金を納めます）。ただ、同じようにといっても、1年間でたくさん稼ぐ人は、より高い割合で税金を納める累進課税になっています。

　1年分の収入と税金を計算して、翌年の3月に税務署に申告納税するのが原則です。しかし、サラリーマンは、月々の給料を貰うときに、初めから見合う分だけを源泉所得税として差し引き、会社が代わって税務署に翌月10日までに納めることになっています。これを源泉徴収といいます。

　毎月の給料から差し引く税金の額は、「源泉徴収税額表」で自動的にきめられます（図表6-2）。これは、これくらいの月額給料なら、サラリーマンとしての必要経費を差し引き、家族分の経費も控除して、年間の純収入はこれくらい、したがって年間所得税と、月割税額はこれくらいと計算されたものです。

　世の中には、農業や商業を営む人が収入をごま化して税金を少なくしているのに、サラリーマンは、給料の金額が初めから100％わかっていますので、税金の逃れようがないと不平をいう人がいます。確かに現実はその通りかも

しれませんが、それは税金逃れをしている人が悪いのであって、サラリーマンが損をしているわけではありません。

　また、夏と冬のボーナスからも源泉徴収で税金が引かれます。これも、月々の給料と同じように、年間の給与合計予想のうえに立った所得税配分をしているのです。

【図6-2　源泉徴収税額表（月額）】　(円)

社会保険料控除後の給与金額	独身	夫婦2人	夫婦＋子供2人
200,000	7,470	4,930	0
300,000	13,100	10,570	5,500
500,000	29,930	24,860	18,360

2　サラリーマンも申告納税できる

　源泉徴収で初めから税金を引いてしまうので、国民の税金に対する関心が薄いのだという議論があります。とくに税金の使い途に目を光らすという意識が日本では低いといわれるのです。

　そこでアメリカ並みに、サラリーマンも皆自分で税金を計算する申告納税制にしたらどうかという意見が強くなりました。今でも、サラリーマンが会社勤めに必要な実際経費を計算して、収入と支出の所得計算をする途はあるのです。しかし、何がサラリーマンとしての必要経費かという点が難しくて、結局は源泉徴収の方法によることが多いのです。

3　他にも源泉税がある

　源泉税を先取りするのは、給料だけではありません。他にも、銀行預金の利子を受け取るときや、株式の配当を貰うときには、銀行・会社のほうで先に源泉税（利子は20％、配当は原則20％）を引いてあります。

　また、会社で外部講師を招いて研修会をした場合、講師謝礼にも10％の源泉税がかかります。そこで、10万円丁度の講演料を渡したいと思ったら、逆算して111,111円の講演料ということにしておかないと、計算が合わなくなります。

　税理士や弁護士の先生に、相談料を支払うときにも、きめられた源泉税を差し引きます。ただ、その先生が、継続する顧問契約で、月々の給料として支払うときは、給与所得の源泉徴収になります。

65 退職金の計算と注意点は

Q 退職金を支払うときの計算にはどんな注意が必要ですか。

Answer Point

退職金についての税金は、支払時の計算と納税だけで完了します。そのためには本人から所定の申告書を提出して貰うことを忘れないように。

1 退職のときに課税してそれで終り

30年も40年もしっかり働いて、やっと定年退職を迎えます。胸算用の退職金で多彩な老後計画を立てている人も多いでしょう。その退職金にも残念ながら税金がかかります。もっとも、税法の側でもさすがに退職金への課税には多少の配慮がしてあります。

(1) まず退職金の計算

会社によって退職金の出し方はいろいろです。小さいところでは、規定がないかもしれません。しかし、たいていの会社では勤務年数に応じて退職金が支払われるようになっています。

　退職金額＝（退職時の基本給×勤続年数）＋功労加算
　例・山田さんの退職金額（40年間勤続）
＝（60万円×40年）＋100万円＝2,500万円

(2) 「退職所得の受給に関する申告書」を退職者から出してもらう

これは、様式がきまっていますから、勤続期間など必要事項を記入して会社に提出します。この書類を出し忘れていると、退職金額に対して一律20％の課税が行われますから、注意してください。

(3) 退職所得控除額を計算

退職金にいきなり課税するのでなく、勤続期間に応じた控除があります。
（図表6-3）

(4) 課税所得額を計算

退職金額から控除額を差引いた残額の2分の1が課税対象になります。
　課税退職所得額＝（退職金額－退職所得控除額）×1/2

(5) 所得税と住民税を計算する

(4)で計算された金額に対する所得税は、図表6-4の速算表をもとに、住民税は「特別徴収税額表」（略）を使って計算します。

計算例にあげた山田さんの場合ですと、2,500万円の退職金に対して、全部で18万円ほどの税金でお終いになります。確定申告なども必要がありません。

【図表6-3 退職所得控除額】

勤続年数	控除額
2年以上	80万円
3～20年	40万円×勤続年数（A）
20年超	800万円+70万円×（A−20）

【図表6-4 退職所得の所得税】

課税退職所得額	税額計算
～ 330万円まで	×10%
330超～ 900〃	×20%−33万円
900超～1,800〃	×30%−123万円
1,800超～	×37%−249万円

・山田さんの例（40年勤続）

退職所得控除額＝800+70×（40−20）
　　　　　　　＝2,200万円
課　税　額　＝（2,500−2,200）×$\frac{1}{2}$
　　　　　　　＝150万円

所得税＝150万円×10%
　　　＝15万円
住民税＝33,700円
合　計　183,700円

2　会計処理は費用処理で

退職金は、退職時に一度に発生するものではなく、長年勤務している間に少しずつ支払い義務が積もっていくものです。会計処理時には、これに対応して毎期退職給付引当金を立てるのが原則です。引当金を立てている会社では、退職金支払い時にこれを取り崩します。

（借方）退職給付引当金　25,000,000円　　（貸方）当座預金　25,000,000円

中小企業では、退職給付引当金を立てていないところが多いようです。そのときは、退職金支払い時の費用で一度に処理することになります。

（借方）退職給付　25,000,000円　　（貸方）当座預金　25,000,000円

いうまでもなく、これは損益計算書の人件費で費用処理しますが、間違っても利益処分で経理処理しないように注意してください。

66 厚生費と交際費の分かれ目は

Q 社員の結婚には、会社からお祝いが5万円出ます。お得意先の担当者結婚祝金を5万円包みたいのですが、どうですか。

Answer Point

　　社内の人に対する慶弔見舞金は厚生費扱いでよいのですが、得意先など社外の人への慶弔見舞金については交際費となります。

1　取引先へのお祝いは交際費になる

　社員のみんなが気持ちよく、安全に働けるように職場環境を整える費用が厚生福利費です。食堂を清潔に維持し、美味しい昼食を安く提供するのも厚生費です。野球部、華道部などクラブ活動への補助金もそのうちです。創立記念日の行事費、運動会、旅行会の参加費用も、全員が同じように参加するものであれば厚生費です。

　同じ考えで、社員やその家族への結婚祝、香典、傷病見舞いなどは、会社に慶弔規定があり、その基準で支給されるものであれば厚生福利費として経費に入れることができます。

　しかし、残念なことに、得意先、仕入先など社外の人の慶弔について支出されるお金や物品は、交際費として処理されます。それがどんなに大事な得意先であり、会社としてお祝いを持っていくのが社会常識の範囲のことであっても厚生福利費ではなく、交際費になります。

2　その他にも社外の人への交際費には注意

　得意先に対し、売上高や回収高に応じて支出される割り戻し（リベート）は、交際費にしなくてもいいのですが、リベートの代わりに客先を旅行や観劇に招待すると、その費用は交際費です。とくに、特約店、代理店を集めた販売会議、新商品会議を懇親旅行と兼ねて開催するような場合は、会議費の部分と交際費の部分を、実態に従って区分しなければなりません。

　また、新社屋落成式などには、社外関係者も多勢招待します。このときの宴会費、交通費、記念品代などはすべて交際費になります。

67 退職金や賞与のための引当はいるの

Q まだ払ってもいない退職金や賞与を、引当金にして人件費におり込むのは正しいやり方でしょうか。

Answer Point

　　　退職給付引当金を確実に積み立てると、多額の退職金を支払った期で一度に費用処理して損益計算を赤字にしなくてすみます。

1　退職金は毎年少しずつの積み重ね

　40年間一生懸命働き、定年で仕事を終わります。そのとき、会社の業績が悪くなって資金的に行き詰まったりしていなければ、働いた年数に応じた退職金が貰えます。

　さてそこで、この退職金は、40年間勤務した「ごほうび」なのでしょうか。それとも、毎月貰っていた給与の支払遅れを、後払いで受けたのでしょうか。そこは議論のあるところですが、実際に退職金の支給額を計算するときには、その人の勤続年数が基本要素になります。つまり、15年勤めたら10か月分、20年だったら15か月分といった具合です。

　勤続年数に応じて退職金の支払額が増えるとしたら、今年1年で予定支払額が増えた分は、今期の損益計算の人件費（費用）として考えるのが正しいのです。まだ実際の支払いはしていなくても、会社にはそれだけの退職金を払う義務（負債）が生じているといっていいでしょう。

　この金額を退職給付引当金という勘定で将来に向け用意しておくのです。Aさんが40年勤務して退職金3,000万円を貰うとします。会社の経理が、それを予測して過去40年の間にAさん分の退職給付引当金を確実に積み立てておいたら、退職時に支給した3,000万円を今期一度に費用処理して損益計算を赤字にしなくてもすみます。

(1)　引当金がない場合

　　（借方）退職給付　30,000,000円　　（貸方）当座預金　30,000,000円
　　　　（今期の損益計算に一度に計上される）

(2) 引当金がある場合
毎　期（借方）人件費　　　200万円　　（貸方）退職給付引当金　　200万円
退職時（借方）退職給付引当金　3,000万円　　（貸方）当座預金　3,000万円
　　（毎期の引当金累積額を取り崩して支払いにあてるので、退職期の損益に
　　　影響なし）

　日本の中小企業では、経営状態が厳しくて、毎期少しずつでも退職給付引当を積み増やすことは難しいようです。したがって、経理上の引当金を決算書でたてている会社は少ないのです。しかし、就業規則などできまりのある退職金は、人件費として毎期の発生分を損益計算に組み入れることが、会社の正しい状況をつかむためにも必要な処理です。

2　賞与はどの期間対応のものか

　一般の会社では6月と12月に賞与が出ます。また、賞与はたいてい会社の業績（売上や利益）によって金額がきまります。その場合、判定の基準になる期間は図表6-5のようになっていることが多いでしょう。

【図表6-5　賞与の判定期間】

　翌期6月に支給される上期賞与は、実は今期9～3月の下期業績に対応するものです。つまり、社員の今期の活動に対して支払われるものですから、3月決算のときに、今期決算の損益計算の中におり込んでおくことが正しい経理処理です。

　6月に支給される夏のボーナスは、3月決算のあと間もなく支払われる人件費ですから、決算書に計上するときに引当金ではなく未払費用にしてもいいでしょう。

　3月末の決算追加処理は、次のようにします。
（借方）人件費　50,000,000円　　（貸方）未払賞与　50,000,000円

　ただ、これは、3月の決算作業をしている段階で、6月には賞与が5,000万円ぐらい出そうだという見積りをしなければなりません。これが難しいので、賞与は実際に支払った時点の人件費にしてしまおうという会社も多いのです。

68 海外出張費の処理は

Q 社長が仕事で海外出張しました。同伴した社長夫人の旅費も会社から出しましたが、経理上問題はありませんか。

Answer Point

　　仕事で海外出張した場合、夫人の旅費を会社負担にできるのは、一定の条件にあてはまるときだけです。

1　まずその旅行は本当に仕事上のものか

　ここでは、何よりもまずその海外出張が、本当に業務上必要なものだったかが問われます。ロンドン取引先との交渉会議とか、大きな契約調印式に出るとか、出張の仕事目的がはっきりしているときはいいのですが、旅行会社の観光ツアーに参加して6泊7日で欧州一周などというのは、仕事目的とは認められません。そうなると、これは社長個人の旅行だったと税務上は見なされます。そして旅行に使った費用は、会社から社長に払った給与（臨時的なものなので賞与）ということになるのです。社長夫人が同行していると、夫人の費用分は、会社がまとめて社長に給与支払いし、その中から社長が夫人にプレゼント（贈与税がかかることもあり）したことになりそうです。

　ですから、まず海外出張の日程、場所、仕事など計画をしっかり立てて、それが業務上必要であることの証拠づくりが大切です。

2　同伴者が必要な場合には旅費OK

　会社の仕事で海外出張する場合、同行した夫人などの旅費を会社負担にできる条件は、次のような場合です。
(1)　社長が身体障害者で、補佐人が要る。
(2)　国際会議などで夫人同伴が常識である。
(3)　外国語のできる社員がいなくて娘さんが通訳適任である。

　社長は、確かにパリの取引先と毎日打合わせ会議をしているが、その間、夫人は現地社員の案内で観光と買物ばかり行っていたという場合は、夫人の旅費は、会社から社長への給与となりますから注意してください。

69 確定申告って誰がするの

Q 3月は税金の確定申告時期で賑やかですが、サラリーマンには関係なしですか。

Answer Point

　　　　サラリーマンは年末調整でその年の税金が精算されますから、特定の人以外には確定申告をする必要はありません。

1　原則は年末調整で終りになる

　毎年、12月の給与袋を開いたときに「毎月税金を取られているのに、今月は逆に税金が還ってきているぞ」と喜んだ経験はありませんか。

　サラリーマンの給料からは、毎月の給料に見合った税金を差引いて、本人の代わりに会社が税務署に納めています。この作業を源泉徴収といいます。会社勤めの人は、これで税金計算はすんでいるはずなのですが、本人が年の途中で結婚したり、子供が生まれたり、あるいは入院で医療費が高くかかったりしたときには、所得控除というマイナス計算が加わって年間を通しての所得税が軽くなります。1年間の総収入に対する正当な税額と、すでに源泉税で収めてしまった税額を比べてみて、納税額のほうが多ければ、その差額を、年間最後の12月の給料で返すようになっているのです。もちろん、精算してみて足りなければ追加して徴税されます。

　このように12月の給料で1年間の税金過不足を精算することを年末調整といいます。年間所得がその会社からの給料だけのサラリーマンならこれで税金に関しては終了です。世の中に「クロヨン」という言葉があります。商業を営んでいる人は6割、農業をしている人は4割しかまともに税金を納めていないのに、サラリーマンは所得の隠し所がなくて9割確実に税金をつかまれているという嘆きを表しています。

　確かにそうですが、すべて会社がやってくれる源泉徴収ですめば、手間がかかって計算も面倒な確定申告の必要がなくラクでいいという人もいます。さらに、自分で税金を計算して申告納税しないから、国民の税意識が高まらないのだという論もあります。

2 確定申告が必要な人もある

個人で魚屋を開いている人や、弁護士、歌手などは年に一度、収入と費用を計算して3月に税金の確定申告と納税をします。サラリーマンは年末調整で税金はすんでいるはずですが、次のような人は改めて確定申告をしなければなりません。

(1) 年間給与総額が2,000万円を超えている人。こういう高額給料を貰っている人は、会社で年末調整をしないことになっています。
(2) 給与のほかに地代、家賃、原稿料などの収入が合計で20万円を超えている人
(3) 他の会社からも貰った給与が20万円を超えている人

3 確定申告をすれば税金が戻る場合

結婚したり、子供が生まれたりしたときは、会社に届出をすれば、年末調整のなかに織り込んでもらえますが、次のような場合は、自分で確定申告の手続きをしなければなりません。

(1) 雑損控除

火事や盗難で、住宅、家具、衣類、現金などに被害があった場合、保険金で補填される分は除いて、課税所得から差し引かれます。

(2) 医療費控除

自分と家族を含めた年間の医療費は、一定額を超えると所得控除の対象になります。

控除額＝医療費総額－（10万円か総所得額の5％の少ないほう）

もちろん、保険金などで埋められた分は、医療費に入りません。また、この控除は、最高200万円までが限度です。

(3) 寄付金控除

赤十字や社会福祉法人などへの寄付金も、一定額の計算をしたうえで、税金が軽くなります。

(4) 途中退職者

その年の途中で退職した人で再就職しなかった人は、確定申告をすれば、既に納めた税金の一部が戻ってくることがあります。

70 現物給与って税金がかかるの

Q 会社の食堂の昼食は美味しくて安いので社員に評判がいいようです。材料代だけで値段をつけているからですが、問題はありませんか。

Answer Point

現物給与については、一定条件にあてはまる場合に限り非課税扱いになります。

1　食事の実費の2分の1以上は社員から貰うように

1食300円の食券を出すと、豪華なビフカツ定食が食べられるような社員食堂があります。外の店で食べたら1,000円はしそうな昼食です。これは、会社が費用を一部負担して、社員の財布を助けてやろうということです。見方を変えたら、会社が従業員に一種の経済的利益（給与）を与えていることになります。

給与なら当然税金がかかるのですが、会社で出す食事について、次のような場合には課税しなくてよいことになっています。

(1)　食事の実費の2分の1以上を社員から徴収していること。
(2)　会社の負担が月3,500円以下であること。

たとえば、社員1人あたりの食事コストが6,000円／月として、社員と会社の負担割合が3,000円ずつならOKですが、社員からは2,000円（会社負担4,000円）しか受け取っていない場合は、(1)(2)のどちらの条件からも外れているので、経済的利益つまり現物給与として課税されます。

このときの食事実費というのは、会社内の食堂でつくる場合には、米や野菜、調味料など材料費だけで計算すればよいことになっています。茶碗、皿などの器具費用、減価償却費などは含めないで、食事単価を計算すればいいのです。それだと、随分原価は安くできることになります。

また、外部の給食会社から、まとめて弁当を仕入れて社員に配っているような場合には、その仕入価格が食事実費ということになります。なお、残業や日直・宿直をしている人に、たまたま弁当を外からとって提供したぐらいなら、給与としなくてもいいことになっています。

2 現物給与もいろいろ

現金で渡すばかりが給与ではありません。次のようなものも、経済的利益には違いないのですが、場合によっては給与とはせず非課税とされることがあります。

(1) 永年勤続賞

おおむね10年以上の勤続者を5年以上の間をあけて表彰し、記念品を渡したり、旅行、観劇に招待する場合は非課税です。もちろん、金額的に社会常識範囲のものに限られます。

(2) 値引販売

会社が自社で扱っている商品を安く社員に販売する場合には、次の条件に当てはまっていれば非課税です。

① 社員価格が原価以上であり、かつ市価のおおむね市価の70％以上であること。

② 値引率が社員一律か、差がついても勤続年数や役職などに応じた合理的な範囲のものであること。

(1) 社員販売の数量は、社員が自分の家で使う程度のものであること。

(2) 創業記念品

創業記念日や新工場落成祝いなどに際して、支給される記念品は、10,000円以下で、記念品としてふさわしいものなら非課税です。ただし、お祝いとして現金で渡してはダメです。給与になって課税されてしまいます。

(3) 社宅

一定の計算法による標準額の2分の1以上を社宅代として徴収していたら課税対象にはなりません。

(4) 無利息貸付

災害や病気で急にお金が必要になった社員に、返済期間を定めて、低い利息あるいは無利息で資金を貸すことが認められています。

(5) 免許取得等

会社の仕事上必要な研修会や講習会の費用、運転免許、危険物取扱者資格などの取得費用を会社に出して貰っても非課税です。

(6) 慶弔

社員への結婚祝や香典なども、世間常識程度のものなら非課税です。

71 相続税・贈与税の仕組みは

Q 社員の1人から「父親がなくなった。家や預金を兄弟でどう分けたらいいか」と相談されました。相続税のあらましを知りたいのですが。

Answer Point

相続財産は遺言がなければ民法のきまりで分けることになっています。相続税は、相続分に応じて税額計算をする仕組みになっています。

1　基本は母が2分の1、兄弟は2分の1を平等分割

おやつのケーキを切り分けるときは「小さい子は小さいほうで我慢する」という家庭もあるし、逆に「兄さんだから小さいので我慢しなさい」という家族もあります。

しかし、父親が残した財産を分けるときは、法律で細かいところまできまりがあります。たとえば、お腹の中にいる赤ちゃんは、相続権利があるかということまできまっています。

大原則は、配偶者が相続財産の半分を、子供が残りの半分を受け継ぎます。子供は兄弟姉妹がいれば各人平等でその半分を分け合います。

遺産総額が1億円で、妻・兄弟2人が相続人なら、次の計算で分けます。

　　妻　　1億円×1/2＝5,000万円
　　子　　1億円×1/2×1/2＝2,500万円　ずつ

残されたのが、お金だけでなく、家や株券などがある場合には、皆で相談して誰がなにを貰うかをきめなければなりません（協議分割）。家は妻に、お金は妻と子供になどとうまく配分するのです。もちろん、その前に遺言で分け方が指定されていたらそれに従うことになります（指定分割）。

なお、遺産は家や預金ばかりではありません。亡くなった人の借金も相続の対象ですから、貰った資産に応じて債務も負うことになります。

2　相続税は、相続した人が納める

相続が3代重なると、家が傾くという話があります。財産20億円を超える分には70％も相続税がかけられます。それで3回相続すると、残りはなくな

りそうです。
　ここで、父の遺産が1億円。遺言で母が6,000万円。長男・次男が2,000万円ずつ分けて相続しました。相続税の計算順序は、次のようになります。

(1) 基礎控除　　5,000万円＋相続人×1,000万円
　　　　　　　　5,000万円＋3人×1,000万円＝8,000万円

(2) 課税金額　　基礎控除、葬式費用などを除く
　　　　　　　　10,000万円－8,000万円－200万円（葬式費）＝1,800万円

(3) 法できめられた相続分
　　母　1,800万円×1/2＝900万円　　長男　1,800万円×1/2×1/2＝450
　　　　　　　　　　　　　　　　　　次男　1,800万円×1/2×1/2＝450

(4) (3)の計算額に対する相続税額計算
　　母　　800万円×10％＋100×15％＝95万円
　　長男　450万円×10％＝45万円
　　次男　450万円×10％＝45万円　　　　　総額＝95＋45＋45＝185万円

(5) 相続税の総額を各人の相続財産額で按分
　　母　　185×6,000/10,000＝111万円
　　長男　185×2,000/10,000＝37万円
　　次男　185×2,000/10,000＝37万円

(6) 配偶者は、実際相続額が法定相続額以下か、1億6,000万円以下なら、相続税はかかりません。このケースでは、母の相続税額はなしです。その他にも、相続人が20歳未満だったら税金が軽減されるというきまりもあります。実際には、相続財産の中で、土地や株式の評価方法など難しい問題がありますから。財産の多い人は税理士などに相談するほうが安心です。

3　贈与は1年間に110万円まで無税

　他の人から物やお金を貰ったら、これも経済的利益ですから、税金がかかります。学費を親に出して貰うのはいいのですが、大きなダイヤを買って貰ったり、株券を自分名義にして貰ったりすると贈与税を納めねばなりません。税率は150万円までは10％、1億円超は70％と段階があります。
　ただ、贈与税のうち、1年間110万円までは税金がかからないことになっています。たとえば、150万円の贈与を受けたら、(150－110)×10％＝4万円の税金を納めることになります。

72 年金はどう変わるの

Q 社員の年金制度が問題になっています。新聞では、401K型が導入される傾向が強いと報じられていますが、どう変るのですか。

Answer Point

　確定給付型の年金から確定拠出型の年金に変わっていっています。自分の年金は自分で管理していこうという方向です。

1　基金の運用が難しい

　普通、会社で40年ほど働いて退職し、65歳になると、国からの老齢年金のほかに会社からも年金が貰えます。これは長い間、毎月の給料から納めてきた年金の掛金が積み重なり、利息を生んで増えた結果が、いま戻ってきているのです。

　さて、皆から集めた掛金は、定期預金にしたり、投資運用に回したりします。この場合、老年の人達に、きまった額の年金を支給するためには、集めた掛金を5％ぐらいの収益率で増やさないと勘定が合いません。

　ところが、ここ10年ほど、経済状況が悪くて、とても5％の高率で資金運用することは難しいのです。このままでは、将来きまった額の年金を支給するというやり方（確定給付型）は成り立たなくなりそうです。

　そこで代わって考えられたのが、アメリカで普及している401K（確定拠出型）の年金です。

2　運用は自己責任で

　すでに厚生労働省の承認を受けて、新しい年金制度をスタートさせた会社もあります。この場合、会社は毎年一定の掛金を拠出して、社員の個人口座に入れます。各人は、自分の判断で、その資金の運用方法をきめることになります。運用には、会社側で相談にのることもありますが、あくまでも運用結果の最終責任は社員個人が負うという自己管理型の制度です。

　この制度では、転職して他社に移っても、容易に自分の年金勘定を持って移動できるという長所もあります。

7 営業部門の経理に関する疑問Q＆A

Q73 在庫回転はどのくらいがよいの
Q74 債権回転はいくらがよいの
Q75 機密費ってどう処理するの
Q76 売上計上基準はいつがよいの
Q77 残高確認、売掛金不一致はどう処理するの
Q78 危ない取引先の貸倒れに備えるには
Q79 受取手形のジャンプにはどう対応するの
Q80 手形の取立て・割引ってどういうこと
Q81 広告宣伝費として処理できるのは
Q82 株式持合いに応じるときの留意点は
Q83 小切手は現金と同じに扱ってよいの
Q84 売れ残り在庫の処理の仕方は
Q85 要求されたリベートの処理は

73 在庫回転はどのくらいがよいの

Q 営業の回転を早めるために、在庫を減らせといわれました。在庫はたくさん持っているほうが、客の注文にすぐ対応できるのですが。

Answer Point

商品回転率は営業サイクルのスピードを表す指標です。少ない在庫を持つことで、売上効率を高める努力が肝心です。

1 ものは少ないほうが動きがみえる

なによらず整理の苦手な人がいます。冷蔵庫の中は、上段も下段も買い置きの食料品が一杯に詰まっています。こうなると、冷蔵庫の奥には何が入っているかわかりません。わからないままに、同じ魚をダブって買ってきたり、ずっと前に買いこんだ野菜は腐らしてしまったりということになります。それでは第一、家族が迷惑でしょう。

今晩のおかずは何にするかの計画があり、冷蔵庫の中味がはっきりしていて、はじめて今日の買い物がきまります。

会社の仕事も同じことです。確かに倉庫に山のように商品が積んであれば、お客さんがきても困らないかもしれません。しかし、注文の品物がどこにあるのか、あるいは本当に「山」のなかにその品物が残っているのかもよくわからないでしょう。

よく流行っているスーパーでは、よくみると商品を最小限度に並べてあります。これは、在庫商品にお金をかけないというより、何が売れ筋商品かを早く見極め、新しいものをタイミングよく仕入れるためにそうしているのです。並べてあるものが少ないほど、何がどう売れているかもよくわかるでしょう。

もちろん、それだからといって、品切れを起こし、折角のお客に逃げられたら何にもなりません。

そのためには、売行き、納品日数、注文量と価格などを考慮した在庫と発注点管理（在庫がここまで減ったら次回分を何個発注する）をしっかりきめておきます。

2　商品回転率で効率をはかる

ディスカウント店では、定価よりずいぶん安い値段で缶ビールなどを売っています。あれで商売が成り立つのかと疑うほどの割引値です。成功のカギは、商売のスピード、商品回転の速さにあります。安いから売れる。売れるから大量に仕入れる。大量だからコストが下がる。それでまた安く売れるというサイクルです。

サイクルの早さを表すためには、図表7-1にあげた商品回転率を計算してみます。

年間1,200万円の売上高をする会社の在庫が100万円とすると、

商品回転率＝12回

回期期間＝365÷12＝30日

回転率は12ですから、ちょうど1か月に1回の割合で在庫商品が新しく入れかわっています。見方を変えたら、30日分の在庫を持って、営業は仕事を進めているということです。

【図表7-1】

$$商品回転率 = \frac{売上高}{商品在庫}$$

$$商品回転期間 = \frac{商品在庫}{売上高 \div 12}$$

あるいは　365日÷商品回転率

中小企業平均値　小売業28.3回

3　回転率を高める

在庫回転率を高めるというのは、営業のスピードをあげるということです。

それでは、回転率が高いほど優れているかというと、そこばかりをみていて、商売のあり方が粗雑になっては却ってマイナスです。

小売業なら、業界の平均回転率は28回転ぐらいという統計もあります。これは、扱い商品、会社規模などによっても変わってきますから、どこが標準値かをきめるのは難しい点もあります。自社の実際の仕事のなかで、数期間をとった回転率の変化をみて、適切な目標を立て、具体的に打つ手を実行するようにしてください。

なお、この計算式の分母となる商品在庫額には、普通は決算書B/Sに計上されている棚卸高の数字を使います。この数字は決算期末時点の在庫高ですから、必ずしも営業サイクルにそった平均的在庫金額ではありません。

自社の回転率分析をするときには、毎月末在庫商品の金額を12か月平均してみるというような工夫も必要です。

74 債権回転はいくらがよいの

Q 毎年12月は、売掛金の回収促進月間で客先回りが忙しくなります。努力の効果は何ではかったらいいのでしょうか。

Answer Point

受取勘定回転率で、商品を売ってから代金を貰えるまで、どれくらい時間がかかっているかをみます。

1 現金の顔を見るまで安心できない

商品を納めても、すぐには代金を払ってもらえません。月末締め切りの計算で、翌月20日に集金に行っても、貰えるのは90日先にお金になる手形です。手形は期日になって、相手が本当に現金決済をしてくれるまでは、安心できません。いつただの紙切れになるかわからないのです。

また、仕入のほうでは、1日も早い支払いが待っています。客先が払ってくれないからといって、仕入先の支払いを遅らせることはできません。

それを考えると、客先からの代金回収は少しでも早いほうがいいのです。

2 売掛金だけでなく手形も未収のうち

商品を売ってから、代金を貰えるまでどれくらいかかっているかを数字で表したのが「受取勘定回転率」(図表7-2)です。

年間売上高2,400万円で、期末の売掛金・受取手形が400万円残っていると、回転率＝2,400/400＝6回転です。365日をこの回転率で割ると、代金回収までにかかった日数が出ます。このケースでは、365日÷6＝61日となり、納品から2か月で現金が戻ってきている勘定です。

計算式の中の受取手形には、銀行に割引に出して手元に残っていない分も含めます。また、売上債権は期首＋期末の平均値をとるほうが、年間の分析値としては適当です。

【図表7-2】

$$受取勘定回転率 (売上債権回収率) = \frac{売上高}{売掛金＋受取手形}$$

回転期間＝365日÷回転率

中小企業平均値
　製造業　　6.7回
　小売業　　35.9回

75 機密費ってどう処理するの

Q 営業に機密費はつきものだというのですが、経理はそういう性質の費用は出金できないと強硬です。本当はどうなのでしょう。

Answer Point

　税法は、どんな名目を使っていようと、その内容が明らかになっていないものは、一切損金（費用）と認めません。社会的責任のある会社として、使途不明の出金をすることは、恥ずかしいことだと目覚しくください。

1　誰に、なにを、いつ、いくらが大原則

　株主から預かったお金ですから、使い途は常に明らかでないといけません。お金を出すときは必ず出金伝票と一緒ですし、伝票に必ず日時、目的、金額が明記してあるはずです。それではじめて正しい決算報告ができるのです。

　もちろん、仕事上得意先にお歳暮の品を送ることもあるし、ゴルフに誘うこともあるでしょう。そういう出金は交際費として、正規の費用項目に計上したらいいのです。多少度が過ぎるかなという接待でも、時と場所と相手がはっきりしていれば、少なくとも交際費としては通ります。

　それでも、とにかく事柄を一切表に出してもらっては相手もこちらも困るというようなことは、そのこと自体が大体法に反しているのです。贈賄や買収や汚職にかかわるようなことは、絶対経理でストップをかけるべきです。目前の一時的営業にプラスであっても、必ず将来に悪い結果をもたらします。

2　それでも使途不明金が出たら

　税法では、会社が、交際費、機密費、接待費などどんな名目を使っていようと、その内容が明らかになっていないものは、一切損金（費用）と認めないと定めてあります。つまり頭からその分には課税するといっているのです。

　では、税金を払ったら、目的不明のお金を使ってもいいのかというと、そうではありません。やはり、社会的責任を持っている会社として、余分の税金まで払って、使途不明の出金をすることは、恥ずかしいことだと自覚してもらいたいものです。

76 売上計上基準はいつがよいの

Q 当社は客先納品と同時に売上に計上していますが、相手はその時点で仕入計上してくれません。売上はいつ計上したらいいのですか。

Answer Point

　　出荷から代金回収まで、営業活動のなかで、自社の実態に最も適した時点を取り上げて売上計上します。大事なのは、きめた基準を変えないことです。

1　自分なりの売上計上基準を持つこと

　八百屋の店先でおかみさんが、客に大根1本を渡し、代わりに受け取った100円玉を横に置いた箱に放り込みます。このときの売上は明確です。商品の引渡しと、代金回収が同時で、売上完了です。

　しかし、会社の売上はそう単純には行きません。納品から代金受領まで、ざっと図表7-3のような過程があります。出荷から、手形決済で現金になるまで、長いと60日も90日もかかります。この過程のどの時点で当社の売上を経理処理するかが問題です。

　その場合、相手がどの段階で本当に「買った」ことを認識してくれるか、それは先方の経理基準の判断ですから、気にすることはありません。金額が違っていては困りますが、時間的ズレで、当社の売上イコール相手の仕入でなくても、少しも困らないのです。

　そこで、当社にとって商品を倉庫から送り出したとき（出荷計上）が一番わかりやすくはっきりしているのか、あるいは、客先が伝票に検収合格印を押してくれた日（検収基準）が最も処理しやすいのか、営業活動の実態にあった時点をとりあげて売上計上の日にします。

　売上時点をどこに取るかで、同じ商売をしていながら、会社によっては、早く売上が立ったり、遅い売上になったりするわけですが、それは会社それぞれのことですから、構いません。

2　売上計上のいろいろ

(1)　出荷基準

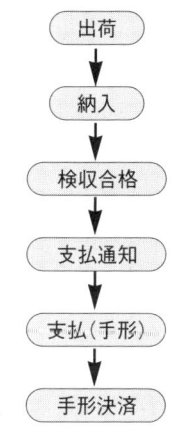

商品を倉庫から出して荷造りし、客先に送った日に売上を計上します。物理的に商品がこちらの手を離れたところで判断するので、わかりやすく、処理もしやすい方法です。ただ、期末3月31日に、荷造りはすんでいながら、実際の出荷は翌日になったというような場合のことも、しっかりきめておくことが大事です。

(2) 引渡基準

客先へ商品を届けて、受け取って貰った時点で売上計上します。受領印を貰うなど、証拠となる伝票をつくることがポイントです。

(3) 検収基準

先方が納品されたものの数量と品質を検査し、合格といってくれた時点で売上とします。商売としては、確実な経理基準といえます。

特に、大型機械などは、先方工場に据え付けた後、試運転に合格してはじめて納入完了ということになります。

(4) 回収基準

客先が代金を払ってくれたときに売り上げたと考えるのです。最も遅い計上基準になりますが、現金売りが多い小売業には適した方法です。

【図表7-3　売上の手順】

出荷
↓
納入
↓
検収合格
↓
支払通知
↓
支払(手形)
↓
手形決済

3　都合によって基準を変えない

売上計上について大事なことは、いったんきめた基準は、毎期継続して適用するということです。そうすることによって、経理の正確さが保たれることになります。今期の売上が、当初の計画目標に少し足りないから、3月期末の売上は、検収基準でなく出荷基準にして早く売上に計上しようというのは粉飾決算です。そんなことをすれば、来期にツケが回って経理の仕事は余計に苦しくなるだけです。

また、経理規定では出荷基準と明記しておきながら、実際には客先の検収日で売上計上するのは、売上繰延べ、税金逃れの処理とみなされて、余分な税金まで納める結果になります。経理は、他部門の都合で経理基準を曲げることがないよう、自信ある仕事をしてください。

77 残高確認、売掛金不一致はどう処理するの

Q こちらの帳面の売掛金残高が、客先の買掛金残と一致しません。どうしたらいいですか。

Answer Point

客先に対して売掛金の残高確認手続きをとるようにしましょう。双方の勘定残がどうしても合わない場合には、こちらの帳簿残を修正することもあります。

1 合わなくても当たり前

借りた覚えのない金を急に返せと催促されたら困ります。このときにものをいうのは借用書の有無です。売った、買ったの取引で同じように、両者の間の証拠になるのは、納品書あるいは受領書です。お互いが同じ伝票をもとに処理をしていたら、こちらの売掛金と向こうの買掛金は合うはずです。

それが食い違うのには原因があります。

(1) 計上基準が異なる

当社は出荷ベースで売上計上（売掛金にも計上）しているのに、先方は、受領検収基準で仕入（買掛金）計上していれば、当然残高は合いません。納品伝票の○○番までが当社の売掛金計上済と区切りをはっきりさせると合わせやすくなります。

(2) 締切日が異なる

当社は月末出荷締切りで計算しているのに、先方は毎月20日で帳面を締めていると、月末残を合わせるのが難しくなりますが、この場合も伝票番号と売上計上日がはっきり相手にも伝わるようにしてください。

(3) 支払条件にもよる

先方が、20日締めで買掛金残の40％は手形、40％は現金といった概算払いをすると、こちらの売掛金台帳のどこまでを消し込んだらいいかわからなくなります。その結果、どの商品分が未払いなのかがつかみにくくなるのです。この場合は、売掛金全体をしっかり把握するようにします。

(4) 値段の食い違い

納入値段は仮価格1,000円で交渉中なのに、先方は値引要求値800円で帳面

をつけてしまっていることもあります。値段がきまった時点で、あらためて相手にはっきり確認をとっておくことが大事です。

(4) 返品処理の差

不良品といって返品された物を、売掛金から差し引くか、預り品として修理して再納入するかなどの手順で差が出ます。

2 年に１回の残高確認をする

会計士監査を受けている会社では、期末売掛金について、主要客先に対し残高確認書を送ります。戻ってきた回答書で、差額の大きいものは内容を調べて差額調整をします。

会計士監査の対象にならなかった客先についても抜き取りでいいのですが、会社独自の残高確認手続きをとるようにしましょう。

売掛金、買掛金といった会社間の勘定残高の食い違いは、時間が経ち、決算期をまたがると、原因がわかりにくくなり、お互いの勘定を一致させることが難しくなります。

3 どうしても合わないものは整理する

いくら双方の勘定を調整してみても、最後まで合わない分が出てきます。取引伝票枚数が多くて、どちらかに計算誤りがあると、まず合致は不可能です。しかし差額をそのまま放っておくと、だんだんと不一致が重なって大きくなります。

ある時点で割り切って、双方の勘定残高を合わせ、そこから新しいスタートをするのです。大体は、客先が強いので先方の残高に合わせて、こちらの売掛金を切り捨てることになります。もちろん不一致の原因が双方にあると考えられるようなら、差額を６：４でお互いに負担するという交渉をしてみることも一つのやり方です。

いずれにしても、こちらの売掛金台帳の残高を次の仕訳で修正します。（当社の売掛金のほうが多いケース）

　　（借方）売掛金調整損　5,000円　　（貸方）売掛金　5,000円

借方は、「値引」で処理してもいいのですが、調整損（雑損勘定）で内容と原因をはっきりさせておくほうが後の役に立ちます。

78 危ない取引先の貸倒れに備えるには

Q 取引先が危いという噂があります。売掛金に貸倒引当金を立てるようにいわれています。引当金はなんの役に立ちますか。

Answer Point

予想される貸倒れを前もって損益計算のなかにおりこんでおくのが貸倒引当金です。実際に客先倒産があったとき、あわてなくてすみます。

1 危ないならまず営業が手を打つ

引当金を立てるのは経理の計算上の仕事です。取引先が危ないというのなら、まず出荷を止めるとか、担保を押えるとか営業サイドでの実質的対策を取るのが先です。危ない噂が本当になって倒産でもされたら、売掛金の回収はできません。そうなったら引当金を立てていても役には立ちません。

では、なぜ引当金を立てておけというのでしょうか。

2 転ばぬ先の杖

商売に貸倒れはつきものです。大丈夫と思われていた客先が、突然店じまいをして社長もいなくなってしまうということも起こります。取り立て損なった代金はオール損です。こういう危険を前もって予想し、あらかじめ損失に備えておこうというのが貸倒引当金です。

自社の商売の規模・実績からみて、過去3年間、売掛金残高の2％ぐらいはそういう貸倒れが生じているとします。今期末の売掛金総額が1億円残っていたら、次のような経理処理をして、次に起きるかもしれない貸倒れに備えます。

　（借方）　貸倒引当損　2,000,000円　（貸方）　貸倒引当金　2,000,000円
　　　　（損益計算におりこむ）　　　　　　　（貸借対照表にのせる）

もし、翌期、不幸にして貸倒れが実際に100万円生じたときは、次の処理をします。

　（借方）　貸倒引当金　1,000,000円　（貸方）　売掛金　1,000,000円

倒産した客先売掛金を100万円消して、準備した貸倒引当金をそれにあてます。つまり、100万円の貸倒れが今期の損益に直接には影響しなくてすむことになります。

実績で貸倒れの平均率を出すのが難しい会社は、税法が定めた率で貸倒引当金を立てることが一般的です。

その繰入率は業種によって異なりますが、中小企業（資本金1億円以下）では図表7-4のような数値になっています。

【図表7-4　貸倒引当金繰入率】

業　種	繰入率%
卸・小売	1.00
製　造	0.80
金融・保険	0.30
割賦販売	1.30
その他	0.60

みちくさ⑩

あなたの会社はどこに？

(千社)

資本金＼区分	～1億円	1～10億円	10億円～	合計	構成比%
株式会社	1,054	28	7	1,089	43.1
有限会社	1,365	1	—	1,366	54.1
合名会社	6	—	—	6	0.2
合資会社	30	—	—	30	1.2
その他	35	1	—	36	1.4
合計	2,490	30	7	2,527	100
(%)	(98.5)	(1.2)	(0.3)	(100)	—

(平成11年分　日本租税研究協会　資料より)

大会社（商法では資本金5億円以上）の数は、こうしてみると少ないものだ。上場会社となると、3,000社くらいだから、さらに数は減る。

それにしても、日本中で「社長さん」が250万人もいるとわかったら、気が楽になりませんか。

79 受取手形のジャンプにはどう対応するの

Q 得意先甲社の経理から、今月、手形の期日を20日延ばしてほしいといってきました。OKしていいでしょうか。

Answer Point

　　手形ジャンプの要請は、取引に赤信号がついたと考えたほうが賢明です。最悪のケースを予想した財務と営業の対応が必要です。

1　手形ジャンプは赤信号

　手形は、"○月×日に現金を渡します"という約束の証書です。得意先甲社が、期日を20日延ばしてくれというのは、その日までに資金の準備ができそうにないということです。きっと社内の仕事がうまく運んでいなくて、お金に行き詰まっているのです。

　会社はお金に困ると、売掛金の回収を急いだり、商品を値引して売ったり、出張費を削ったり、いろいろの手を打ちます。その最後の手が、すでに発行した支払手形の期日繰延べ（ジャンプといいます）です。これは会社にとって、非常に格好の悪いことです。たちまち「あの会社は少し危い」という評判が広まるからです。それをあえて、あなたの会社に申し入れてきたということは、甲社との取引には赤信号がついたと考えたほうが賢明です。

2　すぐにいろいろな打ち手を

　甲社が得意先としてどれぐらい重要かがまず問題です。甲社が潰れたら、こちらも危ないというのなら、ここのところは、20日間の手形ジャンプをOKする前提で当社資金計画の対応を考えねばなりません。

　手形ジャンプの申入れがあったということは、もちろん当社の営業にもすぐに伝えます。そのうえで、これから先の甲社向け出荷を調整するとか、営業保証金を積増ししてもらうとかの手を打ちます。

　興信所や取引銀行にも問い合わせ、甲社の実情を細かく調べて、本当に危険があるようなら、いざというとき、先方の在庫を押さえる、社長の個人保証を取るといった手立ても考えておいたほうがいいでしょう。

80 手形の取立て・割引ってどういうこと

Q 客先から貰ってくる手形はどんな働きをするものですか。また、手形が不渡りになったというのはどういうことですか。

Answer Point

　手形は売掛金の代金回収として受け取るのですが、そのまま他へ回して支払いにあたり、銀行へ持ち込んで、期日より早めに資金に換えて貰うこともできます。

1　手形は約束証文である

　手形は「今現金で払えないが、○日先には現金できちんと払います」と手形を持っている人に約束する証文です。手形法というきまりに従って作られますし、経済界の中では信用にかかわることなので、この約束は会社取引で厳しく守られることになっています。

(1) 取立て

　普通は、商売の代金決済に使われることが多いのです。つまり、いますぐには現金で払えないが、60日後の10月10日（支払期日）には銀行に用意したお金で払いますと約束するわけです。受取人のほうは、手形を受け取ることで、一応代金を払ってもらったと考えた経理処理をします。

　　（借方）受取手形　500,000円　　（貸方）売掛金　500,000円

　この手形を期日になるまで待って、銀行に持っていくと、銀行は手形振出人の預金口座から手形記載金額を引落してこちらに渡してくれるのです。

　　（借方）当座預金　500,000円　　（貸方）受取手形　500,000円

　ここではじめて売上代金がこちらの金庫に入ったといえます。

(2) 割引

　手形は原則として支払期日を変えることはできません。しかし、手形を持っている人（会社）がそれまでにどうしても現金がほしいというときに、手形を取引銀行に持っていきます。銀行は一定の利息（割引料）を取ったうえで、手形をお金に替えてくれます。つまり、手形を銀行に預けて、利息付の借金をするようなものです。手形を満期日までじっと持っているより、早く

【図表7-5　約束手形の働き】

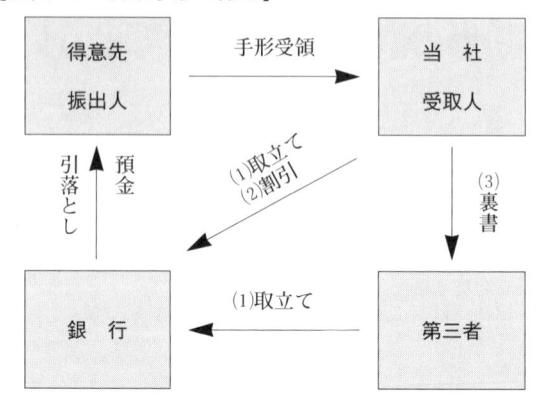

お金にして別なことに使いたいという人（会社）はこの割引をします。

(3) **裏書**

　手形にはもう一つ働きがあります。それは、自分の仕入代金の支払いに、他人から受け取った手形を使うことができるのです。このときは、手形の裏に自分の署名をつけ加えてから第三者に渡します。

　第三者のほうは、手形を期日に取立てに出すか、あるいは銀行で割り引くか、自分の署名を裏書してさらに他の人に渡すこともできるのです。

　このように、手形は単なる現金の代用物ではなく、新しい信用と取引を作り出す手段として経済界を流通するのです。

2　不渡りは重要な事故

　手形は重い信用のうえに乗って働いています。それだけに、期日に約束の支払いができないことになると大変です。振出人に対してはまず、銀行が取引をストップします。世の中の人も、安心できない相手として警戒します。つまり、通常の商売が続けられなくなって倒産することもあります。

　そういう手形を受け取った人も大変です。期日の入金をあてにしていたのがご破算になるわけですから、急いで他の資金手当が必要です。ぐずぐずしていると、連鎖倒産といってこちらまで迷惑の波をかぶります。

　支払期日に資金が用意されていなかった手形を不渡手形といいますが、こんなことにならないように、取引先の財務内容は常々よくチェックしておくことが大事です。

81 広告宣伝費として処理できるのは

Q カレンダーや手帳などの品物を取引先に配る費用も、広告宣伝費のうちですか。

Answer Point

　カレンダーや手帳など贈答用品の費用は、多くの人に配られる少額のものなら広告費に含まれます。

1　広告の手段、目的はいろいろ

　お客さんに商品を知ってもらい、売上を増やそうというのが広告宣伝活動の始まりです。しかし、現代の広告はそれだけに止まりません。広く人材を集めるための企業広告もありますし、会社の理念や環境取組みを社会一般に訴える広告もあります。

　広告の方法、手段も昔の新聞、テレビからインターネット、携帯電話に至るまで幅の広いメディアが利用されています。

　カレンダー、手帳、扇子などの贈答用品は、びっくりするような特製高級品でなければ広告費に含まれます。そのほかにも、商品カタログ、ＰＲ雑誌、見本品、試供品など取引先や一般の人に広く配られるものは広告費となります。

2　注意するのは交際費との区分

　歳末売り出しで、福引抽選の１等に当たった人は温泉旅行とか、５万円以上買い物をした客は観劇招待という誰にでも当たる機会があるものは広告宣伝費です。しかし、特定の取引先だけを招いての旅行などは交際費になって課税されることがあります。

　また、一般の工場見学者に工場製品のジュースを試飲してもらうのは広告宣伝費のうちですが、特別見学者に豪華な夕食会を開いたりしたらやはり交際費になります。

　このように、広く一般の客を対象にした、常識範囲のものであれば、物やサービスを提供しても広告費になります。

3　広告塔は広告宣伝費ではない

　広告塔や、ネオン看板などは、最も直接的な広告活動にみえます。しかし、こういう設備が10万円以上かかっていると、支出金額はそのまま広告費にはなりません。固定資産への計上基準（金額10万円以上、耐用1年以上）によって、いったん資産に計上し、耐年年数に従って減価償却することになります。

　また、陳列だな、自動車など広告に使う物を特約店に贈ったときは、繰延資産として償却の対象にしなければなりません。

　この場合の耐用年数は、次のように計算されます。

　繰延資産：贈った資産本来の耐用年数×7/10　　（ただし最高5年）

4　展示会の出展費用

　新製品の展示に得意先を招待するための交通費、宿泊代などを負担するのは、販売促進の直接費用ですから、交際費とは区別します。ただし、展示会案内の後で、懇親会を開いたりすれば交際費になってしまいます。

　また、展示会には、新製品の試作品や見本品が陳列されることがあります。これは、はじめから展示会出品用ということをはっきりさせて制作し、コストも製造原価計算とは別のところで集計処理しないといけません。展示がすんだ後、普通の商品として販売されるようなことがあれば、それはもちろん広告費用から、棚卸資産へ勘定を振り替えておかなければなりません。

5　広告の支出と効果の対応

　テレビで広告を放映しても、その効果が売上にあらわれてくるのは少し間をおいてからです。そういう意味では、広告宣伝費の投入時期と、費用に見合う収益時期はズレるかもしれません。

　しかし、正確にその対応をはかることは難しいので、特別に多額な広告宣伝費というのでなければ、支出時の費用として一度に処理して差支えありません。（図表7-6）

【図表7-6】

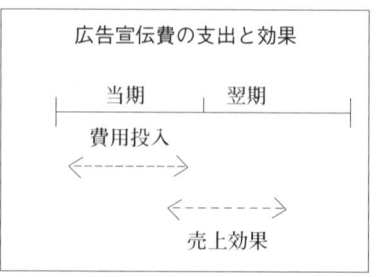

```
広告宣伝費の支出と効果
　　　当期　　　　翌期
　　費用投入
　　←--------
　　　　　　←--------
　　　　　　　　売上効果
```

82 株式持合いに応じるときの留意点は

Q 最近「10万株ほどうちの株を持ってくれないか」と頼まれました。安定株主づくりのための工作だそうです。応じるべきでしょうか。

Answer Point

　株式をもつことで、今後相手会社との取引が有利に運べるようなら、投入資金の財務的影響を考慮したうえでOKしても面白いでしょう。

1　会社のことは、株式の過半数できまる

　会社にとって重要なことは、取締役の選任・解任も含めて、株主総会できまります。その総会の決議は多数決です。もし会社の味方をしてくれる株主（その持株数）が過半数であれば、会社の提案はなんでも総会を通ることになります。

　また多くの株主が、「長期間、会社の経営を見守っていたい。株式を簡単に売ったり買ったりしない」と考えてくれたら、株式市場の株価が安定し、経営も落ち着いて実行できます。

　このために、特に上場会社では、将来にわたって長期に株主のままでいてくれる相手を探します。商売上つき合いのある取引先からも、株式を持ってくれないかという相談を持ちかけられることがよくみられます。いわゆる安定株主づくりというものです。

　今度の話もきっとその目的での申し出でしょう。

2　それで相手に貸しが作れるか

　10万株の株式を市場から買うことになれば、それだけの資金が要ります。1株1,000円でも総額1億円です。株式は直接営業に役立つものではありませんから、そこに投入された1億円は、当分の間寝ることになります。とくに、取引先から頼まれた株式は、すぐに売るということもできないわけです。したがって、それだけの資金を長期間寝せておく体力が当社にあるかがまず問題です。

　配当はあっても、せいぜい1株につき10円とか15円ですから、遊ばせる資

金量に比べたら少なくて問題になりません。つまり、株式をもつことが相手に対するプレッシャーになり、今後の取引が有利に運ぶことにつながるのでなければ面白くありません。

もし、当社も同じく上場会社であれば、この機会に「株式の持合い」を提案することもできます。金額、株数は交渉事項ですが、「貴社の株式10万株を引き受ける代わりに、当社の株式を5万株買ってください」というのも提案の一つです。あるいは、「1億円ずつお互いの株式を買うことにしましょう」という方法もあります。

以前は、メインといわれる立場にある銀行と会社の間では、相当数の株式をお互いに持ち合うということがよくありました。優先して融資の相談にも乗るが、問題がある場合には、いつでも安定株主として協力姿勢を示すという約束のようなものです。

最近、銀行は取引先との株式持合いを段々解消していっているようですが、安定株主というのが、依然として経営トップにとっての安心材料であることは確かです。

3　期末に評価し直しする

株式は時価主義が会計の主流になりましたから、上場会社の株式も、期末取引所の価格で時価評価することになります。

株式所有の目的（短期売買か長期所有かなど）で経理処理が少し異なりますが、相手の株価が大きく値下がりすると、こちらの決算は本来の営業成績の外で損益の影響を受けることになりますから、普段から株価のチェックをしておくことが必要です。

なお、反対の立場になりますが、こちらが相手取引先の会社に株式をもって貰いたいということもあります。それは、取引関係をより親密にしたいというような場合です。

ただし、その時、当社が非上場会社の場合、株式を外部の会社や個人に持ってもらうということは、いくら安定株主づくりとはいっても、これから先、外部株主の口出しを認めることになります。これまでと違って好きなように経営することは難しくなることを覚悟しなければなりません。慎重な判断が必要です。

83 小切手は現金と同じに扱ってよいの

Q 代金回収に行った営業マンが、客先から小切手を貰ってきました。現金と同じに扱っていいでしょうか。

Answer Point

　小切手は実際の現金を受け渡しする面倒と危険を省く支払手段といえますから、現金と同じように扱います。

1　小切手は現金に代わる働きをする

　代金1,000万円を現金で受け取ってくるとしたら、1万円札でも鞄一杯あります。持ち歩くのは物騒で地下鉄にも乗れません。しかし、小切手だと、1,000万円はおろか、1億円でも10億円でも小切手1枚ですみます。

　また買物をするのに、値札に円の端数までついていても平気です。わざわざ小銭入れを出さなくても、小切手に端数つきの金額を記入して渡したら終りです。つまり、小切手は実際の現金を受け渡しする面倒と危険を省く支払手段といえます。

　手形は貰ってきても、支払期日がくるまでは、お金になりません。期日を先に延ばされた支払約束です。それに比べて小切手は、そのまま銀行に持ちこめばすぐに現金にかえて貰えます。

　したがって、正しいやり方で作成発行された小切手は、現金と同じように考えます。客先から受け取ってきて、こちらの金庫に入った小切手は、現金のうちに数えてかまわないのです。

　もちろん小切手を出す人は、手形（満期日の時点に資金が用意できたらよい）のようにゆっくりできません。今日、明日にも小切手を持った人が銀行に行ったら、その場で現金を貰えるように、当座預金を準備しておかねばなりません。

　また小切手を持っている人は、原則として発行日から10日以内に銀行で換金してもらわねばなりません。小切手は短期の決済資金ですから、あまり何時までも放っておけないのです。もちろん10日を過ぎても、小切手振出人が支払い取消しをしなければ、銀行はその小切手の支払いをしてはくれます。

7 営業部門の経理に関する疑問Q&A

しかし、受け取った小切手は日をおかず銀行に持っていくようにしてください。

2 落としたり盗まれたりしないように

小切手は大体が、持参人払いです。持っている人が強いのです。道で拾った人がそのまま銀行に持っていっても現金に代えてもらえます。

そういうリスクを予め防ぐために、振出すときに、小切手の表面に2本の線を引きます。2本線の間に「銀行」と書くこともあります。こうすると、その小切手は、銀行と取引のある、いわば身元のわかった相手にしか支払いがされません。

拾ったり、盗んだ小切手は、この線引小切手だと現金化できないので振出人は安心というわけです。

外国では、日常の買い物の支払いにも、パーソナルチェック（個人振出小切手）を使うことが多いようです。昔々の映画「太陽がいっぱい」で、アラン・ドロンが他人のサインを真似して小切手を切るシーンが印象的でしたが、それくらい小切手が一般的ということです。

みちくさ⑪

古本を買う

小学生の頃読んだ本に「少年プルターク英雄伝（澤田謙著）」がある。後年、いくら町の古本屋を探しても見つからなかった。インターネットの古書市を覗いてみてもない。ないとなると、余計に昔の懐かしさが高じる。

2年前、東京神田の児童本を扱う古書店に立ち寄ったとき、探求書ノートの端に1行記入してきた。もちろん、ほとんど期待なしで。

ところが、神田の本屋というのはえらいものだ。つい最近、電話がかかってきて「ご希望の本が入りました。いまでもおいり用ですか」という。値段は6,000円。もちろん、すぐに送ってもらうよう頼んだ。

手元に届いた本は、一寸しけた匂いがしたが、昔読んだままの本だった。ちなみに、この本の初版は昭和5年、私と同じ歳である。

6,000円は安かった。

84 売れ残り在庫の処理の仕方は

Q 新商品が発売されて、旧型品の売れ残りができました。安くしても売れそうにありません。どう処理したらいいでしょう。

Answer Point

　一定期間に動きがなかった商品は規定をつくり、それに従って評価を下げます。また廃棄処分は、社内手続きをとったうえで、資料をきちんと残しておきます。

1　なぜ在庫が死ぬか

　スーパーの特売日に、安値につられて余分に買い込んだ食料品は、たいてい冷蔵庫の奥に詰め込まれ、気付いたときは賞味期限切れになっています。そのままゴミ箱直行という悲しいことになります。

　会社の営業でも工場でも、同じようなことが起きています。滞留品、死蔵品、不良品、旧型品、いろいろ名は変わっても、みんな腐って値打ちがなくなったものです。

　なぜそういう無駄なことが起こるかというと、一寸した注意と整理が足りないのです。

(1)　質問のように、商品切りかえのタイミングが部門間の連絡不備でズレて旧型が残った。

(2)　営業と工場の信頼感が薄く、生産で余分の先行手配と過大生産をしたものが売れなかった。

(3)　客先から修理品で戻ってきたものを、検討もせず新品代替えし、戻り品は放っておいた。

(4)　大量仕入で安くなるというので、計画以上の材料、部品を買い込んだ。

(5)　倉庫の整理、整頓ができていないので、どこに何がどれだけあるかわからない。その結果、必要品は不足で、不用品は余っている。

2　まず評価を下げて、次は処分する。

　旧型品でも、半値にしたら売れるかもしれません。不良品が戻ってきたら、代わりに出荷することもあるでしょう。しかし、元の値段ではとても無理だ

というのなら、帳簿の棚卸評価額を下げます。

　ただ、そのときに、いい加減な判断で処理したのでは経理的に通りません。倉庫の棚で１年間動かなかった品物は80％、３年間動かなければ50％にというような評価基準を作ります。きちんと物の動きを帳簿と伝票で調べた後に、この評価基準を適用して評価を下げます。

　評価損をどこの部門が負担するかということも、部門別採算が行われている場合ははっきりさせておかないと、もめるもとになります。

　そうやってなお、使うあても、売れる見込もないものは死んでいるのです。思い切りよく廃棄処分をして倉庫から取り除くべきです。もったいないとか、廃棄の責任は誰が負うのかといったことで処分が延び延びになるだけ傷は大きくなります。

　材料でも、商品でも廃棄処分するときには、社内手続きをしっかり取ることと、確かに処分したことがわかる証拠を残しておくことが大切です。

　もしかしたらまた使えるかもしれないからなどと古い部品を棚に残してあったのを、税務調査で見つかり、折角の廃棄処理を否認され、追加の課税を受けたという例もあります。

みちくさ⑫
孤高もよしとする

　ライオンに襲われた縞馬の群が、円陣を作り、後脚の蹴りで対抗しているテレビを見た。寄り集まることで大きな力を発揮しようという自然界の知恵である。

　経済界では、このところ企業の統合・グループ化がはやりである。とくに、証券・金融業界にその傾向が強い。確かに、株式移転・交換制度ができたり、金庫株が認められて、企業合同はやりやすくなっている。

　だからといって、マイナスとマイナスを足してもプラスにはならない。没個性の会社が集まって大きくなれば強くなると思うのは錯覚である。

　こういう時代だからこそ、自社の特色を生かし、他社に真似のできない仕事を自分独りでやろうという会社を応援したい。

85 要求されたリベートの処理は

Q 取引先から、こんなにたくさん仕入れているのだから、リベートを払ってくれといわれました。払うとしたらどう処理しますか。

Answer Point

　　　支払いの計算基準を相手との間ではっきりさせておくことがポイントです。リベート（売上割戻し）は、売上高から差し引くことになります。

1　払う計算基準をはっきりさせておく

　政治家の秘書が、工事請負の口利きをしてリベートを受け取ったことが問題になっています。リベートという言葉にはどうも、後暗いイメージがつきまとっています。

　営業でも、リベートを払うということはよくあります。あるいは売上割戻しといい換えたほうがいいかもしれません。

　これは、販売数量や販売金額に応じて一定金額を相手に金銭で支払うものです。売上奨励金、販売促進費、目的達成賞など名目はいろいろつけられますが、要するに売上を伸ばすために支払われるものです。

　大事なのは、支払いの計算基準を相手との間ではっきりさせておくことです。「100万円売ったら2％、それを超える分には3％」というような具体的約束です。また支払いの時期、方法などもはっきりきめておくのがいいでしょう。こういう約束をあいまいにしておくと、双方の担当者の個人的思惑が入りこんで、思わぬ不祥事につながってしまったりするのです。

　なお、この計算基準による割戻し額に見合う分を、お金で払わず旅行や観劇招待といったことに使うと、税務上は交際費になって課税されることがありますから注意してください。

2　会計処理は売上から差し引く

　数量、金額で割戻しをするのは、結果的にはその売上高から値引をしたのと同じことです。したがって、経理の損益計算で売上割戻しは売上高から差し引くことにします。

【図表7-7　売上高の表示】

(1)	売上高	1,000,000円
(2)	総売上高	1,030,000
	売上値引	30,000
		1,000,000円

【図表7-8　会計処理の差】

項　目	内　容	処　理
売上割戻し	金額・数量による	売上差引き
売上値引	品質、流行による	〃
売上割引	支払条件による	営業外費用

　値引のほうは、原因が量目不足、品質不良、破損などによるものです。同じ売上差引項目でも、内容、原因、対応はまるで異なるので、割戻しとは区分して扱う必要があります。

　損益計算書では、はじめから売上控除していることが多いようですが、項目を区分してもいいのです。(図表7-7)

　また、期日前に払ってくれたので値引するとか、いつもは手形なのに、現金払いしてもらったので代金を差引くことがあります。これは、売上高を減らしたのではなく、いわば金融取引を有利にしてもらった代価ですから、売上割引として営業外の項目にします。(図表7-8)

みちくさ⑬　店を広げない京都商法

　昔ながらののれんを守っている菓子屋さんが京都には多い。奥行きは深いが、間口は狭い家造り。家族労働だけで手作りしている菓子の味は、上品で美味しい。

　地方発送はもちろん、デパートにも商品を出していないから、直接その店に行って買うよりない。ある時、そんな老舗の一軒に飛び込みで入った。「分けてください」と注文したら、「うちは予約の分しか作らないので」とやんわり断られた。目の前の菓子ケースには、商品が並んでいるのにである。

　こういう店は、商いの手を広げようなどとは更々考えていない。自分の気が済む品質の物だけをつくり、わかってくれる少数の客に喜んで貰ったら、それでお終いである。そういう商いも面白い。

8 研究部門の経理に関する疑問Q&A

- Q86 研究費とはどの範囲を指すのだろう
- Q87 出願・特許を取ると経理的にはどうなるの
- Q88 のれん分けってどういうこと
- Q89 特許権の報酬・職務発明の金一封の扱いは
- Q90 研究費の税務上の特別措置は
- Q91 研究の計画と実績評価の正しいやり方は

86 研究費とはどの範囲を指すのだろう

Q 「売上高に対する研究費の割合は6％のS社がトップ」という記事を見ました。この場合の研究費はどの範囲のものを指しますか。

Answer Point

　　基礎研究、商品開発研究、現有商品の改良研究などが研究費の範囲となりますが、会社によっては決算書の研究費表示の中味は、いろいろです。

1　研究費が企業の将来の姿をきめる

　技術がどんどん変化し、進歩する時代に、生き残ろうと思ったら、企業は研究開発に投じる費用を惜しんでいてはだめです。

　電機と医薬品とサービス業では、売上高に対する研究費の投入割合は当然に異なります。しかし、同じ業界では多く研究費を使っている企業が新商品を生み出し、成果をあげています。あるいは逆に、好業績だから研究開発に力を入れられるともいえます。

　その研究費の内容ですが、対象目的で区分すると、事業への直接、間接の関連度で、次のようなレベルがあります。

(1)　基礎研究

　具体的商品に直接はつながらないが、広く、もの作り、サービス提供の基本にかかわる原理、原則の研究。

(2)　商品開発研究

　3年先、5年先に着眼点をおき、企業戦略路線にのりながら飛躍的な新商品を作り出す研究。

(3)　現有商品の改良研究

　今現在、営業の中心になっている商品を改良改善し、市場競争に勝てるものにレベルアップする直接対応研究。

(4)　品質保証、クレーム対応

　少し後向きだが、使用されている商品についていま生じている問題点を検討改善し、客先要望に応える活動。

　経理的には、研究費をこういう目的別機能別に区分することは難しいこと

があります。むしろ、企業内ではこういう機能別研究体制は、組織で区分されていることが多いので、研究費の経理的把握も組織単位で行われることがあります。

たとえば、基礎研究は中央研究所で、商品開発は事業部の研究部門で、そして品質・クレーム対応は工場の品保技術部で行われています。その場合、中央研究所で発生する費用は、研究用材料費、研究員・一般職員人件費、減価償却費、諸経費を一切含めて基礎研究費として処理します。

このやり方は、会社として基礎、開発、応用のどの部分に力をいれるかの判断と管理をするのに有効です。

2　決算書の「研究費」の中味はいろいろ

株主に送られる営業報告書ぐらいでは、その会社が今期使った研究費の内容や金額はわかりません。詳しい決算書として一般に公表されている有価証券報告書では、辛うじて損益計算書「販売費及び一般管理費」の中の一項目として記載されていることがあります。

しかし、この場合の研究費項目には、会社によっては、研究に使った材料費しか含まれていないことがあります。また研究員の人件費は、同じ管理費中の「給与および賞与手当」に、本社スタッフや、営業マンの人件費と一緒になって表示されているかもしれません。

研究所の建物設備の償却費も、とくに研究のためのものとしては、区分されていません。工場内で仕事をしている研究、品質担当部門の費用は多分製造原価の中に入ってしまっています。

そういう意味では、個別の会社の研究費の実際を経理的に正確に取り出して、他社と比較するのは難しいことがあります。

経済紙などで、研究費の企業ランキングをつける場合は、決算書とは別に研究費についてのアンケート調査をしています。それで大まかなところはわかるとしても、なかなか企業のほうで、統一した研究費処理基準に従っているとは考えられません。

大事なことは、業界平均で5％（対売上）研究費を支出しているから、うちもそうしようというのではなく、自社の経営が変化し、進展してきたその歴史のなかでの研究費支出と、商品開発、業績への効果を見極め、自らの研究費支出戦略を考えることです。

87 出願・特許を取ると経理的にはどうなるの

Q 会社が商品について特許権を取ると、経理的にはどういうことになるのですか。

Answer Point
工業所有権として、決算書上の無形固定資産として計上します。

1 工業所有権は無形固定資産

研究開発で新しいものが生まれると、会社は、次のような権利を登録することができます。こういう権利は工業所有権と呼ばれ、会社の大事な財産として決算書の貸借対照表では無形固定資産に載せられます。

(1) 特許権

新しい技術など高度な発明によるもの（償却年数8年）。

(2) 実用新案権

物の形、構造などを新しく考案したもの（同5年）。

(3) 意匠権

物の形、模様、色彩を想像的に組み合わせたもの（同7年）。

(4) 商標権

商品について文字や図形で特徴を表すもの（同10年）。

いずれも、特許法や商標法などによって発生する権利で、他の会社が勝手に利用することを防いでくれることになっています。

2 取得と償却

自社開発で工業所有権を取得した場合は、使った試験研究費を繰延資産に計上していれば、その金額を取得価額とします。この場合、工業所有権の出願料、特許料、登録費用などは取得価額に含めず経費で処理します。

他からそういう権利を買い取った場合は、購入金額で資産計上することになります。これは、普通の機械など固定資産を買うときと同じです。

繰延資産に計上した権利は、前記の償却年数で減価償却します。償却方法は定額法に限られています。また、権利は期間が過ぎたら消滅しますから、

残存価額は0として全額を償却します。

3　工業所有権の収入

自社開発の特許権などを他社が使わせてほしいということがあります。契約によって一定の特許使用料を受け取ることになりますが、会社にとっては大切な収入です。

普通の会社では、営業外収入として受け入れますが、研究開発を主な仕事にしている会社なら、特許料収入は営業そのものですから、損益計算の「売上」になります。

反対に、他社の工業所有権を使う場合は、使用料を払います。この収入と、支出を比べて、会社の研究開発活動の成果をはかるということも行われます。

みちくさ⑭
ものの値段　その2

1960年代の頃、LPレコードは1枚2,500円だった。初任給が15,000円ぐらいのときだから、割と高い買い物だったといえる。いまでも手元にあるベートーベンの5番「運命」と9番「合唱付」（ブルーノ・ワルター指揮）をセットにした2枚ものは4,600円の値札がついているが、ボーナスでやっと買えた記憶がある。

その後、1980年代にかけて少しずつレコードを買い続けたが、1枚2,500円の値段はずっと変わらなかった。その間、給料はアップしていったから、相対値段は下がったといってもいい。

さて、レコードはテープに変わり、CDに移った。その度に消費者は振り回された形だが、なんとこのCDが2002年の今、1枚2,500円なのである。

初任給のほうは20万円になっている。諸物価もそれ並みに上がっていることを考えたら、単価据え置きのCDは安くなったというべきなのだろうか。それとも、革新技術で大量生産され、消費者層を中学高校生まで広げた音楽情報の日用品CDの売価が、40年昔のレコードと同じなのは、おかしいと思うべきなのだろうか。

本当のところは、誰がCDの値段を決めているのか知りたいものだ。

88 のれん分けってどういうこと

Q よく「のれん分けする」といわれますが、のれんというのはなんですか。また経理上はどう扱いますか。

Answer Point

優れた技術や、集積されたノウハウが生み出す会社の力を営業権（のれん）として評価します。貸借対照表に計上されたら、5年以内で償却するきまりです。

1 他より優れた会社の収益力を示す価値

老舗の店先にかかったのれんには、紀国屋とか㊅（丸大商店）などと屋号や商標を染め抜いてあります。何代にもわたって受け継がれたこの「のれん」があるので、客は安心してその店の商品を買います。少しぐらい値が高くても、あの店の品物なら大丈夫だとよく売れるのです。

長年の伝統と信用、立地条件、独特の技術やノウハウ、そして広い取引関係、こういうものが総合されて、その店を盛り立てているのですが、その力を営業権（一般的にのれん）と呼んでいます。

営業権は、自社の労力と歴史の中でだんだんに形づくられてくるものですから、そのものに価格をつけて資産に計上することはありません。ただ、他の会社の優れた営業権をお金を出してこちらに買い取った場合は、その対価を営業権として貸借対照表に載せることができます。

そうしたときは、5年以内に毎年均等額以上の償却をするよう商法のきまりがあります。どこで営業権の強みがなくなるかわからないということもあるので、できるだけ早めに償却しようという考えです。

税法では、この営業権を定額法（耐用年数5年、残存価額0）で償却するように定めています。

2 会社買収時ののれんの評価

他社より優れた超過収益力（のれん）を金額ではかるのはなかなか難しいことです。

ごく簡単な例をあげましょう。図表8-1のような資産・負債の会社B社が

あります。純資産は30ですが、営業実績があるので、A社は買収に当たって40を支払いました。

つまり、A社は代金40－純資産30＝10を営業権として評価し、自社に受け入れたといっていいでしょう。

貸借対照表に計上された営業権は、毎年$10 \times \frac{1}{5} = 2$ずつ償却されます。

【図表8-1】

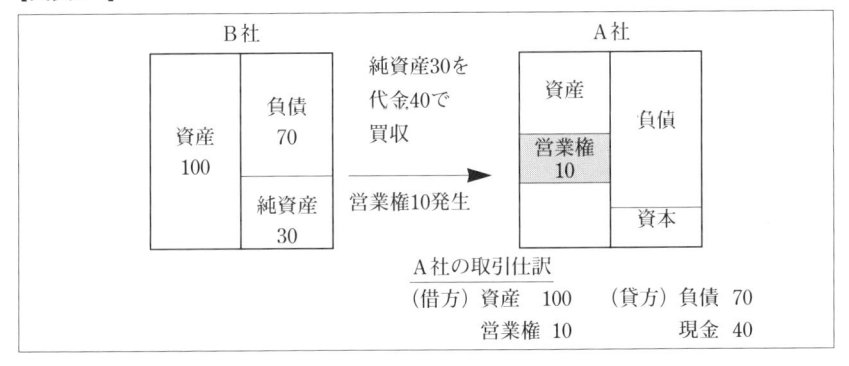

```
        B社                              A社
┌──────┬──────┐              ┌──────┬──────┐
│      │ 負債 │  純資産30を  │ 資産 │      │
│      │  70  │  代金40で    │      │ 負債 │
│ 資産 │      │    買収      ├──────┤      │
│ 100  ├──────┤      →       │営業権│      │
│      │純資産│              │  10  ├──────┤
│      │  30  │  営業権10発生 │      │ 資本 │
└──────┴──────┘              └──────┴──────┘
                            A社の取引仕訳
                            (借方) 資産   100   (貸方) 負債  70
                                   営業権  10           現金  40
```

みちくさ⑮

たくさん売れたら高くなる

祇園祭が近くなると、京都の町の"ものの値段"は平常より少し高くなる。ホテルの宿泊代はもちろん特別料金になるが、街角の喫茶店のコーヒーに至るまで、メニュー単価が変わる。

これは、日本三大祭りに、どっと観光客が押し寄せるからだ。料金を高くしても、客は泊まりに来るし、値段を上げても、店に人は入ってくる。しかし、よく考えたら少しおかしい。だいたい、もの（あるいはサービス）はたくさん売れたら安くなるというのが経済の大原則ではなかったか。売れる→たくさん作る→コスト下がる→値段下げてもっと売れる。これで営業サイクルが回らないとおかしい。

といっても、新幹線だって、正月休みの繁忙期は割引がなくなるぐらいだ。競って人が集まる祭りは、稼ぎ時なのかもしれない。しかし、黙っていても来てくれた客にこそ、平常料金で、常に倍するサービスを提供すれば、将来ずっとリピーターになってくれるはずだが。

89 特許権の報酬・職務発明の金一封の扱いは

Q 特許権を取った社員に創業記念日に発明功労賞として金一封を贈りました。こういう扱いでいいでしょうか。

Answer Point
　会社によっては、その発明による新商品の売上高の1％を支払うなどの対応が出ています。専門家の意見も聞いたうえ、会社と社員の間できちんとした基準、契約を作っておくことをお勧めします。

1　会社は実施権を、社員は相当の対価を

　町のおばさんが、洗たくばさみや、お鍋など日用品に新しい思いつきをして、それを会社に高い値段で売り渡したことが評判になったりします。

　会社でも、研究開発の仕事をしているのは、社員である個人ですから、発明の権利は原則として個人にあります。しかし、会社の仕事範囲の中で、研究の用具、設備も会社の物を使っている場合は、職務発明ということになります。普通、この職務発明については、就業規則などのきまりで、会社が特許を受ける権利、専用実施権を持ち、社員は努力に見合った対価を貰うことになっています。そのときの対価は、その発明の社会的価値、それで得られる会社の売上、利益の増加予想などを考慮してきめられます。

　会社によっては、その発明による新商品の売上高の1％を支払うと社員に約束しています。また、利益スライドの報奨金を上限1億円まで支給するときめて、研究者の意欲向上を期待している会社もあります。

2　対価を受けた社員のほうは収入

　特許権などを会社に渡して、一時払いで対価を貰ったら、社員のほうは譲渡所得として課税されます。成果に応じて毎年報償金が支払われる場合は、その年ごとの雑所得となります。

　また、特許ほどのものではなく、事務や作業の改善合理化、経費の節減工夫などに対する賞金は、通常の職務内の場合、給与所得の内に入ります。いわゆる職場の提案賞金などもこれに含まれます。

90 研究費の税務上の特別措置は

Q 研究費をたくさん使うと、それだけ税金が安くなると聞きましたが、そうですか。

Answer Point
　一定の計算基準による研究費増加額の15％を法人税額から控除するなどの特別措置が利用できます。

1　国としての研究奨励策で税金軽減
　企業の国際化がどんどん進みます。技術変化と進歩は急速です。日本の産業が国際競争に打ち勝つためには、どうしても日本の企業の技術が優れていないといけません。
　そこで、企業の技術革新、研究開発の促進を図るために、研究費を多く使った会社の税金を軽くしようという特別措置ができています。
　最近の長引く経済不況を抜け出すためにも、この措置をもっと拡大して、会社の研究活動を刺激し、経済活発化を図ろうという意見もあります。

2　研究費増加額の15％を税額控除
(1)　適用条件
　青色申告書を提出している会社に限って認められます。（法人税の納税に青色の申告書を使う会社で、決算書のもとになる帳簿伝票などがきちんと整っていることが前提です）
(2)　軽減税額
　次の計算額が今期納めるべき税額から控除できます。（図表8-2）
　控除額＝（今期研究費－比較期研究費）×15％
　（比較期研究費の詳しいことは、ここでは省略します）
　ただし、研究費が急増しても、控除額は無制限に認められるのではありません。最大で「今期の法人税額×12％」までが限度です。
(3)　研究費の内容
　税法がいう研究費の中味は、次のようなものです。

① 試験研究のための原材料費、研究員人件費、経費
② 外部への委託研究費

もちろん、比較各期の研究費の計算処理基準は継続して同じであることが大事な要件となります。

(4) 中小企業の特例

資本金1億円以下の会社では「今期に使った試験研究費額×6％」を法人税額から引いてもらえます。ただし、この場合の控除限度額は法人税額×15％までです。

この研究費に対する課税軽減は、研究支援のためのものです。税金が安くなるからいくら研究費を使ってもいいというものではありません。

研究効果と、節税額のバランスを考えたうえで、研究開発計画に生かしてください。

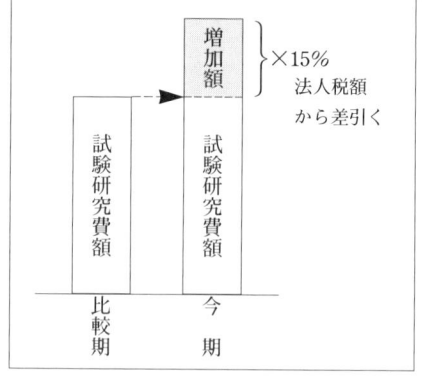

【図表8-2　増加研究費の税額控除】

増加額 ×15％ 法人税額から差引く

試験研究費額（比較期）　試験研究費額（今期）

みちくさ⑯

引当金を立てよう

"備えあれば憂いなし"と、どこかの国のえらい人が言った。家でも、万一のときのための貯金ぐらいは残している。それなら、リスクの多い会社はなおさらのこと、将来に向けての損失対策（引当金）を会計で用意しておきたい。

会計原則はそうしなさいと言っているし、税法でさえ、貸倒引当金の一定限度額くらいは認めて、税金を軽くするときめている。

ところが、その引当金の利用度合いは、図のようにいたって低い。資本金の小さな会社ほど利用の割合は極端に低くなる。これでは、いつまでたっても企業会計が正しい路線にのらない。ぜひ一度うちの会社の決算書を見直してみる必要がある。

引当項目	利用割合
貸倒引当金	16.5％
賞与引当金	9.0
退職給与引当金	3.8

（平成11年分日本租税研究協会資料より）

91 研究の計画と実績評価の正しいやり方は

Q 会社の基本方針で研究優先となっています。このため研究費支出は聖域で削減できません。対応する方法はありますか。

Answer Point

研究開発費の投入は、企業の将来発展に欠かせないものですから、出し惜しみしてはいけません。しかし、研究プロジェクトの進行管理をきちんとするなど、投入費と成果のチェックは厳しく行うようにしましょう。

1 現在の成果から、将来への投資をきめる

確かに研究開発に力を入れることは、会社の将来発展を支える大きな柱の一つです。だからといって、無制限に研究費用投入をしていいことにはなりません。

今日の研究が、すぐ明日の業績になって現れるわけではないので、なかなか適正な研究費額をきめることは難しいのです。しかし、今期売上の3％、あるいは利益の10％を翌期の研究費として投入するといった基準は作れます。これは今期の業績の一部を割いて、将来の収益を生む元手にあてようという考え方です。

不景気で売上が減ったら、すぐに研究費も減らすというのは少し淋しいのですが、逆に自分達の研究活動が成果に結びついて数字に出たら、新しい研究資金も増えるとなったら、研究員の仕事にも励みが出るでしょう。

そのためには、研究費支出の基準を売上高におくよりも、利益額の大小にしたほうがいいのかもしれません。

2 個別プロジェクトは計画と実績チェックを

基礎研究などは別ですが、具体的商品の開発に結びついた研究活動は、まずテーマ別の計画が立てられます。

ある研究テーマについて投入される研究員の人数と人件費、設備費用、諸経費などを、研究に必要な期間の年度ごとに計画し予算を立てます。一方、研究成果として、新商品が生れて販売ルートにのったとき、市場調査、競争

【図表8-3　研究プロジェクト♯105　収支総括表（5期目で投入費用回収）】

収支		期	1	2	3	4	5
研究費	今期投入		200	300	100	—	—
	累計費用		200	500	600		
成果	売　　上		—	—	100	500	1200
	利　　益				50	150	500
	累計収入				50	200	700
♯105採算			△200	△500	△550	△400	＋100

　力などから、どれくらいの新しい売上が得られるか、またそのときの生産数量とコスト計算から、予想される利益はどれだけかも計画表に記載されるのです。

　その計画表の収支計算で、例えば5年以内に投入費用が回収され、その後収益が業績に寄与すると判断されたら、研究プロジェクトは承認されＧＯとなります。

　ここまではたいていの会社で実行しているのですが、あとのフォローとチェックが尻抜けになっていることが多いのです。プロジェクトがスタートして3年も経つと、皆が新しい研究テーマに目を向けてしまい、誰もその収支をチェックしてみようとしないのです。

　その結果、折角の新商品が生れても、その売上実績が当初計画の半分しかないということがしばしばです。初めのマーケティングが誤っていたのか、故意に売上計画を過大想定したのか、あるいは研究の実行過程で大きなミスがあって、予想外の研究費が膨らんでしまったのか、原因はいろいろなことが考えられます。

　ただ、その研究プロジェクトについての収支目標になぜ差が出たのか、それを把握して、次の研究体制に生かせなければ、質問のように聖域化した研究費は無駄に使い放題ということになります。大いに気をつけたいところです。

　こういう無駄を防ぐためには、社内の業務監査部門が研究プロジェクトの進行状況を定期的にチェックし、ときには厳しい意見をトップに進言することも必要です。

⑨ 秘書部門の経理に関する疑問 Q&A

- Q92 社長の給料って誰がどうやってきめるの
- Q93 社長にも賞与は出るの
- Q94 退任する役員にも退職金は出せるの
- Q95 寄付金ってどういうもの
- Q96 代表取締役はどうやってきめるの
- Q97 同族会社ってなにかまずいことがあるの
- Q98 株主総会の開催はいつが適切なの
- Q99 株主総会は短いほうがいいの
- Q100 社長はどうやってきまるの

92 社長の給料って誰がどうやってきめるの

Q 社長の給料は、誰がどうやってきめたらいいのですか。

Answer Point

　社長・専務・常務など取締役の役員報酬規定を作り、それによって運用することです。とくに株主総会できめた限度額の枠を超えないように気をつけてください。

1　世間相場を気にするな

　会社の運命も業績も１人ですべてを背負っているオーナー会社の社長なら、会社の金庫から要るだけ自分の給料もとっていいのです。
　しかし、普通の組織と制度を備えて運営されている会社なら、社長の給料をきめるにも、一応のルールはあるはずです。

(1)　役員報酬規定

　上場会社ぐらいになると、内規で役員の給料をきめています。社員が昇格して新しく取締役になると、たとえば月額給与100万円（あるいは賞与込み年俸1,500万円）からスタートします。常務、専務と役職に応じた給与段階があり、最上位に社長の給料があるといった具合です。
　歴史が長くて、サラリーマン重役が主体の会社だと、一般社員並みに定期昇給まであります。しかし、これは少し時代遅れで、もっと思い切った役員報酬制度を取り入れたほうがいいでしょう。

(2)　業績評価と世間相場

　社長（あるいは取締役）の仕事は、株主から任された経営の成績をあげることです。業績が上がれば、いくらでもたくさんの功績報酬を貰っていいし、約束の成果が達成できなければ、どかんと報酬が減らされても文句はいえません。
　それでも、最低の日常活動費用ぐらいは必要ですから、世間相場をみてみます。そういう調査統計表がありますから、同業種、同規模の会社のレベルに合わせるのです。
　ただ、この種の統計表は、しばしば図表9-1のようなことになっていて、

どのランクを取れば"うちの会社の社長"にぴったりなのか判断しがたいことがあります。

その場合は、同族会社の中小企業であれば、社長にいちばん近い秘書室のあなたが、社長の意を汲み取った「役員報酬規定案」を作るよりありません。

留意点は、統計表の最高最低の枠から上下にはみ出さないことだけです。それではいくらなんでも世間常識外れになって、銀行や税務署にも言い分が通らなくなります。

つまり、一応世間並みという姿勢はとりながら、あくまで、当社の歴史と実情、社長の働きと貢献度により、かなり大幅な枠のなかで判断すればよいということです。

【図表9-1　社長の報酬（仮設例）】

万円／月額

資本金	平均	最高	最低
1,000万～5,000万	100	400	30
5,000～1億	120	450	100
1億～5億	150	300	80

2　商法のきまりには気をつける

社長の給料はきまりがあってないようなものですが、ただ一つ、商法できめられる枠だけは超えないように気をつけてください。

社長も含めて取締役に対する報酬は、株主総会で総枠がきめられます。たとえば、年間限度枠1億円以内と決議されたら、それを社長以下10人の取締役で配分するのです。

もし、今年度もう1人取締役を増やしたいとか、全役員の給料をアップしたいというときに、1億円の枠に余裕があればいいのですが、すでに限度一杯のときは、今度の株主総会に「役員報酬額変更の件」として議案を上提しなければなりません。

株主総会準備では、役員人事や配当政策に気をとられて、つい役員報酬のことがおろそかになります。

担当秘書室のミスで、役員全員の給料が足踏みになったりしては、こちらのクビにもかかわりますから、限度枠に毎年チェックを入れてください。

93 社長にも賞与は出るの

Q 社長にも、お盆と暮れの賞与は出るのですか。

Answer Point

　　役員賞与は、今期の利益処分として支出されますので、決算期ごと（原則年1回）です。株主の期待に反して赤字を出したら、役員賞与はゼロになります。

1　役員の賞与は利益のなかから出る

　「会社の重役には、社員と違って賞与は出ないんだよ」

　そう言って奥さんをずっとだまし続け、ボーナス袋を独り占めしていたある中堅企業の常務さんがいました。ご夫人は勤めに出たことがない世間知らずのお嬢さん育ちだったから通った話かもしれません。

　社長にも重役にも賞与は出るのです。ただその出方が、社員の場合と全く異なっていることは確かです。

　ボーナスが、単に賃金の後払いなのか、今期の利益の分け前なのかは議論のあるところです。電機会社の労働組合では、賞与はそのときの業績スライドできめようと会社と協定しているところがあるくらいです。もっとも、最近のように景気状態が厳しくなってくると、この協定どおりでは、全く賞与が出なくなるので見直しの動きもあります。

　ただ、取締役、監査役という役員の賞与は、会社が今期に稼いだ利益（税金も納めた後の純利益です）のなかから支出されることになっています。これは、株主から経営を委任された役員が、どれだけ役目を果たしたか（業績をあげ、利益をもたらしたか）の度合いによるからです。

　株主総会の最重要議題は、前述したように今期の利益をどう配分するかという「利益処分案」です。このなかに、株主への配当などと並んで「役員賞与」があります。今期よく期待に応えたと株主が判断すれば役員賞与は多く出ますし、その期待に反して決算に赤字でも出したら、もちろん役員賞与はゼロになります。

　この点、一般社員の賞与は、たとえ今期の会社決算が赤字で金額が減らさ

れることはあっても、支給される場合が多いのと基本的に考え方が異なっています。

また、役員賞与は、今期の利益処分として支出されるので、年に1回の決算期ごとです。この点も夏冬型の社員賞与とは異なっています。

2　役員賞与は、費用ではない

役員賞与は、図表9-2のように、税引後利益から支払われるので、その前段階の損益計算には算入されません。つまり、月々の給料のように費用としては計算されないのです。会社の金庫からは確かに現金が外に出て行くのですが、費用にはならないという特別支出です。当然、税務上も役員賞与は「損金不算入」という扱いになっています。

ただ、この役員賞与を貰った社長さんのほうは、月々貰っている給料と同じく、今年の所得収入として所得税を払わなければなりません。同じくというより、毎月の給料の上積み分として賞与には超過累進税率が課せられることになります。

そこで、少しおかしな結論になりますが、役員には、報酬を賞与で払うより、月々の給料で払ったほうが、会社の計算はトクです。賞与は費用（税務用語では損金）になりませんけれど、給料は費用になる（利益が減る→税金が少なくなる）からです。（図表9-3）

これは、税法の仕組みがそうなっているからですが、会社によっては役員賞与は「なし」というところもあります。そうなると、冒頭に出てきた常務さんの言い訳も、あながち嘘とはいえません。

ただ、このことから税金の損得だけを考えて、月々の給料金額だけを無茶苦茶に増したりすると、世間的常識に反する行為だとして、かえって会社にとってはマイナスのことが生じるかもしれませんから、注意してください。

【図表9-2　利益処分の形】

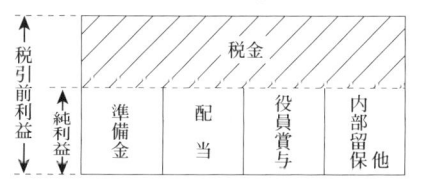

【図表9-3　異なる扱い】

	会社	役員個人
給与	費用になる	所得（課税）
賞与	費用にならない	所得（課税）

94 退任する役員にも退職金は出せるの

Q 取締役が退任したら、退職金は社員と同じように出していいのですか。

Answer Point

株主総会にかけた「退職慰労金贈呈」議案が承認されたら、「取締役退職金規定」によって、具体的な支給額を計算します。総会できまったからといって、利益処分で出金してはだめです。

1 承認は株主総会で、中身は内規で

バブル時期の放漫経営で左前になった銀行があります。土壇場まで頭取の椅子にしがみついていた人が、いよいよ退任というとき、数億円の退職金を平気で貰ったというので話題になりました。

退職金は、長い間会社のために働き、業績を残してくれてご苦労さんでしたということで出るものです。頭取という最高責任者の座にいながら、経営のかじ取りを誤ったとすれば、退職金を貰うどころか、会社に損害賠償金を払って初めて退任させてもらえるぐらいでしょう。

そんなことではなく、取締役としての職責をしっかり果たし、今期限りで退任するという人には、株主総会に「退職慰労金贈呈」の議案がかけられます。内容は「A氏在職中の功績により、退職慰労金を贈呈したい。金額、時期など具体的なことは取締役会に一任していただきたい」というものです。

株主総会の多数決でこれが承認されたら、たいていの会社では「取締役退職金規定」によって、具体的な支給額が計算されます。基本的な計算方式は、次のようなものです。

支給額＝（月額基本給×取締役在職年数×役職係数）＋功績加算金

会社を起こした最初から社長だったような人は、功成って退任するときは在職40年というのも珍しいことではありません。それで計算すると、退職金が1億円を超えてもおかしくないでしょう。

ただ、中小企業でそういう退職金規定がない場合、大体こんなものかといい加減な根拠で退職金を出すと、税金のことなどで面倒が生じるかもしれま

せん。できるだけ、他社例なども参考にして、規定を作ってください。

2　支払いの会計処理を誤ると大変である

　総会承認のあと、計算された退職金額から源泉所得税を差し引いて、本人に支払います。そのとき注意しなければならないのは会計処理です。株主総会できまったからといって、利益処分で出金してはだめです。必ず次の仕訳処理をして、退職金額は費用に入れてください。

　　（借方）役員退職金　5,000,000円　　（貸方）当座預金　5,000,000円

　借方の役員退職金は、損益計算書の中の管理費でも、営業外費用でもかまいませんが、間違えず経費で処理するのです。これを誤って利益処分で処理すると、税法上の損金（費用）として認められなくなります。つまり、そのうえに余分な税金がかかってしまうのです。

　そんなミスをして、会社に余計な税金を負担させるようでは、経理を預かる担当としては非常に恥ずかしいと思わねばなりません。

3　貰った役員のほうは源泉税で終わり

　役員退職金を貰ったほうは、一般社員と同じです。所定の「退職所得の受給に関する申告書」を会社に出しておけば、きめられた源泉税を差し引いて貰って、それで退職金についての課税は完了します。（Q65参照）

みちくさ⑰
債務保証はしない

　「借金はするな」とか「連帯保証の印は押すな」という家訓を固く守っている老舗がある。外部資金を導入して経営を広げることの是非については議論がある。しかし、他人の債務を保証することの危険には異論の余地がない。

　あえていえば、親兄弟の間でも、保証のはんこは押さないほうがいい。それが問題の解決につながらないからである。

　親しい友人に保証印を頼まれたら、むしろ手元にあるお金をそっくりあげてしまうほうが賢い。返済を期待せずにである。そのときの損失は、手元額以上になることはない。

　債務保証のほうは、いま懐を出ていくお金は用意しなくてもいいが、先でそれがどれだけにふくらむか予想ができない。それが恐い。

95 寄付金ってどういうもの

Q 社長は、今回、出身母校に野球用具一式を贈りました。経理処理は寄付金でいいでしょうか。

Answer Point
　こういう寄付を、税法は、会社が社長に賞与を渡し、それが学校への寄付に使われたとみなします。

1　見返りなしで、金や物をあげるのが寄付
　会社でも時々商売抜きの取引をすることがあります。赤い羽根募金に応じたり、学校の講堂建設資金を一部負担したりといったことです。これは、現在も将来も会社の営業に何かプラスで返ってくるものではありません。
　しかし、社会構成員の一員としての会社が、世の中の期待に応えてお金や物を出したのなら、それは会社の費用として認めようと税法も考えています。ただ、会社がむやみに寄付と称してお金をばらまき、税金も払えないのでは困りますので、寄付金で処理できる限度枠が別にきめられています。

2　本当は誰がなんのために寄付したかったのか
　かつて野球部に身をおいた少年が、今は成功して社長になり立派な会社を経営している。いわば故郷に錦を飾るような気持ちで、野球用具を揃えてあげたのではないでしょうか。そうなると、その寄付は会社がしたというより、社長が個人的善意で行ったというほうが当たっています。つまり、本来は社長が個人として負担すべきだった費用を、会社が代わって出したことになります。こういう場合、税法は「会社が社長に臨時給与（＝賞与）を渡した。社長はそれを学校に寄付した」とみなします。前述したように、役員に支給した賞与は会社の費用になりませんし（会社課税）、賞与を貰ったとみなされた社長さんは所得加算（個人課税）されることになります。
　社長さんから指示されたら、なかなか断りがたいでしょうが、こういうケースでは、「会社も社長も税金を損しますから、社長個人のポケットから出してください」とご意見申し上げましょう。

96 代表取締役はどうやってきめるの

Q 代表取締役は社長1人ときまっているのですか。またどうやって代表取締役はきめられるのでしょうか。

Answer Point

経営の中心になって実際の業務をリードする人として、取締役会は多数決で「代表取締役」となる人を選びます。

1　代表取締役は取締役会で選ばれる

株主は経営の仕事を取締役に任せたのですが、そのなかでも中心になって実際の業務をリードする人が必要です。そこで、取締役会は多数決で「代表取締役」となる人を選びます。重要事項はもちろん取締役会にはからねばなりませんが、日常の会社活動は代表取締役の責任と権限で執行されます。

2　代表は1人とは限らない

会社の規模が大きくなると、なかなか社長1人で全部を見通すことが難しくなります。また、それぞれの現場で大事なことを迅速に決断する必要もあります。そういう場合には、複数の代表取締役を置くことができます。

たとえば、手広い業種を抱える総合商社では、鉄鋼部門の担当に代表取締役常務を1人、機械部門の担当に代表取締役専務を1人、社長と合わせて代表を3人置くということもあります。

3人の代表はそれぞれが、会社の顔として対外的な交渉取引ができます。あるいは、複数の代表が共同して初めて会社を代表した仕事ができるというように定めることもあります。これは、単独代表の独走や誤りを防ぐという目的もあります。

そのほかに、会社の組織では、副社長とか、常務取締役といった名称のついたポストがあります。こういう肩書きをつけた取締役は、外部の知らない人からみたら、いかにも会社の責任を持った偉い人に見えます。そこで、正式な代表権を持っていなくても、こういう人たち（表見代表取締役と呼ぶ）のしたことは、第三者に対して会社は責任があることになっています。

97 同族会社ってなにかまずいことがあるの

Q 当社は小さな会社で、社長ファミリーが大株主です。よく同族会社だといわれますが、なにか税務上で損になることがありますか。

Answer Point

3人で50％以上の株式を持っているような会社を、税法上は同族会社と呼びます。勝手な会社取引をして税金を逃れるようなことにつながる場合は、税務署からストップがかかります。

1 株主3人で50％以上持っていたら同族会社になる

個人商店で商売をするより、株式会社とするほうが格好もいいし、仕事上都合がいいこともあります。そこで、小さなお店を会社に組織替えするのですが、出資は親子兄弟、あるいは親族一同で分担しようということが多いようです。

もちろん、友人など外部の株主が加わることもありますが、その株主のうち、3人で50％以上の株式を持っているような会社を、税法上は同族会社と呼び、多少特別な扱いをします。

ここで「3人」というとき、ある株主とその親族みんなを含めて1人と勘定します。親族というのは図表9-4のように範囲が広いので、まず一族みん

【図表9-4 同族会社の判定】

親族：6親等内の血族・配偶者
　　　3親等内の姻族

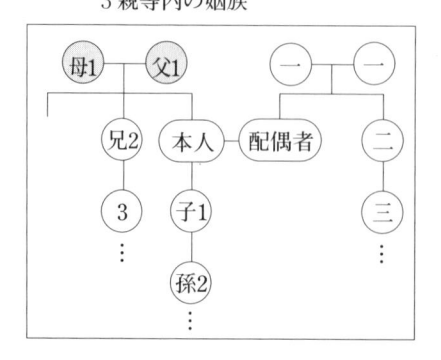

同族会社の判定
3人で50％以上の持株

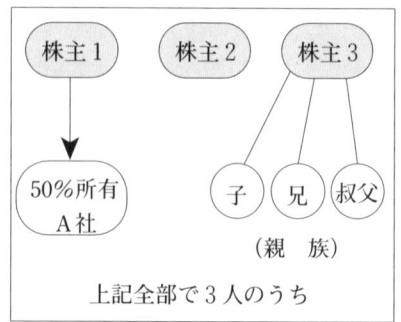

（株主1 →50％所有A社）（株主2）（株主3—子・兄・叔父（親族））

上記全部で3人のうち

なと考えたらいいでしょう。

いわば身内（みうち）ばかりの会社ですから、意思決定も早く、動きも弾力性があっていいのですが、逆に自分勝手な行動をとりやすい面もあります。そのため、とくに会社間の課税公平性を重くみる税法は、次のような条件を同族会社に加えています。

2　それはなかったことにする

身内だけで50％以上の株式を持っているというのは、どんなことでも多数決で会社の仕事をきめられるということです。親族の会社から商品を高い値段で仕入れたり、まだ使える車をただで他にやってしまったりすると、会社には損が生じて、税金が少なくなります。

会社の取引は経済行為ですから、損になる取引でもあえてやることはあります。どんな取引をしようと、本来は自由のはずです。

しかし、同族会社の場合は、その取引を認めると不当に税金を逃れる結果になると税務署が判断した場合には、はじめからその取引はなかったものとして課税計算をやり直しさせられます。これは「同族会社等の行為又は計算の否認」といわれます。

3　会社の中に残しても課税される

同族会社の場合は、利益から分けられる配当や、役員賞与の額も割と自由にきめられます。一方、個人としての社長（株主）には配当にも賞与にも所得税がかかります。

細かくみると、配当をファミリーである株主に渡して税金を払うくらいなら、配当なしで利益をそのまま会社のなかに置いておくほうがトクだという計算もできます。ファミリーにとっては、配当金のお金を家の金庫に持って帰るか、会社に置いておくだけの違いで、自分のお金であることには変わりがないからです。ただ、そんなことをすると、広く外部の株主がいて、配当をしている一般の会社と課税の不公平が生じます。

そこで、同族会社が一定の範囲を超えて社内に利益を残した場合は、その留保金額に対して10～20％の特別課税をすることになっています。（具体的な課税留保金額の計算方法は、少し複雑なので省きます）

98 株主総会の開催はいつが適切なの

Q 株主総会は、各社とも6月下旬の同じ日に開かれることが多いようですが、なぜですか。

Answer Point

　　決算作業のほかに、監査や納税の仕事もあって、株主総会はどうしても6月下旬に開くことになります。できるだけ多くの株主が出席しやすい日を選び、総会内容にも工夫を凝らすことが大事です。

1　株主総会は決算期後3か月以内に開く

　毎年6月になると、学者や評論家が「今年も会社は同じ日に株主総会を開催する。株主の複数総会出席の権利を無視したけしからんやり方だ」と新聞で書きたてます。実際の株主総会に出席したこともない人が、理屈だけで遠吠えしているように思えます。

　さて、株主総会は、会社の持ち主である株主が、年に1回集まって会社の業績報告を聞き、利益配分をきめる会です。大事な総会ですから、全株主にもれなく召集通知を出します。ところが、会社の株式は毎日売買されていますから、株主総会日に出席してもらう株主は、どこかの時点で切って名簿を確定しなければなりません。普通は3月末（決算期）の株主名簿で締め切るのですが、商法はその後の「名簿閉鎖期間」を3か月までとしています。これで、決算期の後遅くとも3か月以内に総会を開かないといけないのです。

　もちろん6月末でなく、もっと早く5月末に株主総会を開いてもいいのですが、会社の経理には決算作業があります。3月末に帳簿を締め切り、そのあと、1年間の整理をすると、普通の会社では決算書が仕上がるまでに1か月はかかります。

　そこへ連結決算、会計士監査、納税計算などが加わると、6月上旬召集通知発送、下旬総会開催ということになります。

2　みんなで渡ればこわくないか

　総会が6月下旬になるのは理由があるとしても、同じ日に全国一斉に株主

総会が開かれるのは確かに異常です。これは、会社側にも反省すべきことがあります。

少し古い時代には、特殊株主（総会屋と呼ばれていました）がいて、株主総会を取り仕切っていました。商法が改まって、そういう活動は厳しく禁じられましたが、いまだに特殊株主が出席して株主総会が混乱することがあります。それを恐れる会社の担当者は、同じ日に各社が総会を開けば自社のリスクが減ると考えるのです。大変消極的なマイナス思考ですから、学者先生に非難されても仕方がありません。

ただ、3月決算の上場会社だけでも3,000社はあります。いくら株主総会日を分散しても、同日に何百社かが固まることは避けられません。

3　総会日を工夫する会社が増えている

特殊株主の発言を恐れるより、一般株主の声を広く聞くことが大事だという良識ある会社がだんだん増えています。決算作業を早め、株主総会日を他社より数日前倒しに持ってくるのです。そういう会社は、ありきたりの総会進行に終わらず、会社内容の説明に工夫をこらしたり、株主と経営陣との直接対話の場をこしらえたりしています。

株主総会に実際に出席する株主数は、全株主数に比べるとうんと少ない（数パーセント）のですが、株主を大切に考える株主総会を積極的に工夫している会社は、株主側からも高く評価してあげることです。

4　電磁的総会もできる

商法が改正されて、会社のいろいろな書類や通知書などに、電磁的方法を使うことも認められるようになってきました。

株主総会でも、これまで総会に出席できない人は、「議決権行使書」にはんこを押して、投票を会社に委任するよりありませんでした。それが、これからは、インターネットを使い、パソコンで家から議案に賛否の電子投票ができるようになったのです。早速、この方式を取り入れた会社が、平成14年6月の株主総会でも何社か見受けられました。

こういった情報化時代の技術を上手に利用すれば、いまのように、中味の薄い総会ではなく、全国どこからでも多くの株主が自由に参加して議論を交える新しい形の株主総会が生まれてくるでしょう。

99 株主総会は短いほうがいいの

Q 株主総会が3時間もかかり、総務部長は社長から叱られたという新聞記事を見ました。総会時間は短いほどいいのですか。

Answer Point

早くすめばいいというものではありませんが、株主総会で、決算、役員人事など一般的な議案だけでしたら、大体30分～40分間で終わるのが普通です。

1 質問がなければ30分で終わる

かつて、日本のトップ企業の株主総会が荒れて長引き、昼食休憩をはさんで8時間もかかったということがあります。いろいろな思惑を持つ株主が、議案に関係あることないことを手をかえ品をかえて質問したから、こうなったのです。

普通の株主総会ですと、営業報告、決算書説明、利益処分決議が主な議案です。取締役改選は2年に1度ですから、議案として出ない年もあります。会場からの質問がなく、賛否採決だけで議事進行すると、大体30分足らずで閉会になります。

しかしそれでは、せっかく年1回だけ開く株主総会の意味が薄くなって面白くありません。出席株主からの生の意見を聞き、質問に答えるという場面があって、はじめて株主総会は生きたものになります。それを面倒がって、あるいは恐がって質問は押え込み、予定原稿どおりに総会を短時間に終わらせたいという社長（議長）もいます。それは社長が経営に対する自信を持っていないからです。

多くの上場会社では、総会に備えて想定問答集を作ります。営業や人事のことまで予想される株主からの質問に模範解答を用意しているのです。ですから、どんな質問が出ても、何時間かかっても株主にはきちんと答えようという姿勢が本当は必要なのです。総会時間が長いと怒るような社長は落第です。

ただ、実際の株主総会では、会社をただ困らせようというだけで質問する株主がいたりします。それを上手にさばくのも、議長の務めのうちです。

100 社長はどうやってきまるの

Q うちの会社は中小企業です。次の社長はいま大学生の長男ときまっています。一般に社長はどうやってきまるのですか。

Answer Point

　法的・形式的には取締役会の決議で「代表取締役＝社長」がきめられます。ただ実際には現社長からの名指しで後継者がきまることも多いのです。中小企業では、まだ世襲が当たり前でしょう。

1　取締役会の多数決できまる

　かつて、ある有名デパートの社長で、ワンマンの権勢をほしいままにした人がありました。役員の誰一人として意見をいう人はいませんでした。ところが、ある日の取締役会で、突然「社長解任決議案」が上提され、他の取締役全員が賛成の挙手をしたため、社長はその場で"クビ"ということになりました。そのとき、社長が思わず立ち上り「なぜだ！？」と叫んだという話は有名です。

　株主総会で選ばれた取締役は、取締役会を開き過半数の決議で「代表取締役」を定めます。代表取締役は普通、会社業務の執行責任者として組織上では社長の座につきます。つまり、会社の中での最高実行責任者です。責任は重いが権限も強大です。一言で部長のポストを入れ替えることもできます。だから、なかなか社長に文句をいうのは難しいのです。

　ただ一つ、取締役会だけが多数決によって社長の代表権をはずすことができます。ただ、そのためには、社長に知られないような解任下工作が前もって必要というわけです。

2　実際には個人的バトンタッチリレー

　順序からいえば、まず株主総会が取締役を選び、取締役会が社長をきめるのです。しかし世の中で行われている実際は少し違うようです。

　少し大きな上場会社になると、まず現社長がそろそろ退任だと決心します。自分の跡継ぎとして経営をまかせられる人材を役員のなかから選びます。現

役員のなかに社長候補が見当たらなければ、急いで次回総会に間に合う取締役探しから始めねばなりません。後継者も受任OKで話がきまると、取締役会にはかったうえで社長交替になります。このとき、不幸にして会社内部に派閥争いなどがあると、後継者の選定、決定をめぐっていろいろの駆け引きが生じることになります。

同族色の強い中小企業ではこの点が楽です。原則として長男が家の財産とともに会社の経営権を引き継ぐことが多いからです。もちろん、長男が若ければ大学を卒業した後、他の会社に預けられることもあります。何年間かそこで武者修行をしたあと、実力がついたと認められてはじめて父親の会社に戻り、社員の信望も得られたあたりで取締役に登用し、社長学を勉強させるわけです。

この場合でも、長男の出来が悪かったりすると、そのまま次代の社長に据えて会社の将来は大丈夫かといった現社長の悩みが大きくなります。

昔、大阪船場の老舗では、息子にではなく、娘婿にしっかりした男を選び、店のあとを継がせるという知恵が働いていたそうです。最近は女性社長の活躍も著しいので、長男ではなく長女が次代社長というのがあって少しもおかしくありません。

3 民主的方法もあるが

会社のなかには、次期社長を選ぶに当たって、現役員がそれぞれ意中の人を2名すいせんし、その投票集計結果を参考にして常務会が合議するというところがあるそうです。一見、きわめて民主的で、皆の納得度も高いように思われますが、会社のリーダーは、学級委員とは少し違うようです。

みちくさ⑱

一生に読める本の数

普通のサラリーマンの場合である。どこかで時間を作って、毎日必ず、少しずつでも本を読む。

1日30頁。1週で210頁、1冊。このペースで行くと、1年間に50冊。

20歳から定年60歳まで40年間、この調子で続けたら、50×40＝2,000冊がわが家の本棚に並ぶ。

"たった2,000冊か"と思うか、"そんなに2,000冊もか"と感じるかはその人次第である。いっぺん試してみませんか。

⑩ 総務部門の経理に関する疑問Q＆A

Q101 株主とは会社にとってなんだろう
Q102 会社登記ってどういうこと
Q103 株主総会はどこで開くの
Q104 会社の名前(商号)って勝手につけていいの
Q105 現金出納過不足の処理は
Q106 リースと自前購入はどちらが有利
Q107 修繕費と資本的支出の意味・その処理は
Q108 経費の前払い・未払いの処理は
Q109 印紙税の消印がないと無効なの
Q110 簿記はもう無用の長物なの

101 株主とは会社にとってなんだろう

Q 1年に1回だけ、株主総会のときに顔出しをする株主というのは、会社にとってなんなのでしょうか。

Answer Point

　株式という形で会社の元手を出している人が株主です。株主は、配当、株価の値上がり、経営への関心など、いろいろの理由で株式を持つことになります。

1　株主は会社の持ち主である

　株式会社は、多くの人が集まり、お金を出し合うことで仕事がスタートします。つまり元手を出した人が主人公で、それを株主といいます。会社が仕事をして得た利益（新しい価値）も全部株主のものです。(図表10-1)

　ただ、株主は必ずしも経営のプロではありませんから、普通は会社の仕事そのものは専門家に任せることにします。その人たちが取締役となって日常の業務を遂行するのです。そして取締役は任された仕事について、1年に1回は株主に報告しなければなりません。それが株主総会といわれる特別の日なのです。

　もちろん、株主全員に開催通知が送られます。しかし、全国に散らばった株主が、みんな株主総会のため本社がある町に集まるということは、普通はありません。

　また、個人だけでなく、銀行や保険会社、事業会社も株主になることができます。実際には、個人よりも会社のほうが大株主であることが多いのです。株主総会を開く会社側は、そういう大株主からあらかじめ委任状を貰っているので、実際の株主総会出席者数が少なくても、たいていは過半数賛成

【図表10-1】

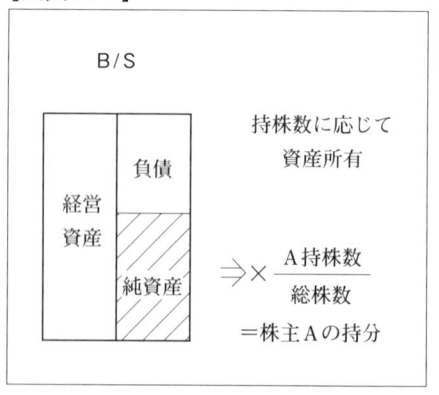

```
        B/S
┌──────┬──────┐
│      │ 負債 │        持株数に応じて
│ 経営 │      │        資産所有
│ 資産 ├──────┤
│      │//////│      ⇒ × A持株数
│      │純資産│          ──────
│      │//////│          総株数
└──────┴──────┘      ＝株主Aの持分
```

決議で株主総会は成立終了しています。

2　株主は進退自由

株主は株式を自由に処分できます。持っている株式が上場会社のものであれば、証券取引所に出して売却することで、簡単に株主の地位から離れることができるわけです。もちろん、株式を市場価格で売り、投入した資金を手元に回収したうえでのことです。一方、その株式を買った人は新しく株主としてその会社にかかわることになります。

なぜ株主になるかの理由はいろいろです。毎年の配当を貰いたい株主もいます。会社の業績に目をつけ、先々株価が高くなることを期待する株主もいます。あるいは、経営そのものに興味があり、株主となって会社に意見をいいたいという人もあるかもしれません。

ただ、個人株主の場合は、株価の上昇、下降が最大関心事であるという調査もあります。こういう人は、株主総会にわざわざ出かけることも少ないでしょう。

それでも、会社はしっかり業績をあげることで世間の評価を高め、結果的に株価が上がって、株主が増えてくれたら、それでまた安心して仕事に力を入れることができるわけです。

3　株主にできること

株主は、いわば会社の持ち主ですから、法的には随分強い力を持っています。

(1) 株主総会に出席して、経営に関することを社長に質問することができます。社長のほうはそれに対して、きちんと説明し応えねばなりません。

　総会で、取締役の選任や、配当金の決議について、賛否の投票をすることはもちろんですが、一定数以上の株式をもっている株主なら、総会で新しい議題を提案することも認められています。

(2) 会社に備え付けを義務づけられている決算書類をいつでもみることができますが、3％の株式をもっている株主は、もっと詳しく会計の帳簿類までみたり写したりできます。

(3) 取締役の経営のやり方がまずくて、会社に損害を与えたという場合は、株主代表訴訟を起こして、会社に賠償させることができます。

102 会社登記ってどういうこと

Q 株式会社を作って登記するというのはどういうことですか。

Answer Point
　会社は、本店の所在地で設立登記をすませてはじめて会社として成立します。

1　会社は登記をしてはじめて生まれる
　人間の赤ちゃんは、生れて2週間以内に名前をつけて、市役所へ出生届を出さなければなりません。正当な理由もなしに届出が遅れると罰則があります。しかし、出生届を出さなかったからといって、赤ちゃんが生まれたことが取消しにはなりませんし、一人前の人格、権利もちゃんと認められます。
　ところが、会社は本店の所在地で設立登記をすませてはじめて会社として成立します。登記がすむまでは、いくら設立準備の人がたくさんいて走り回り、電話や机椅子も揃い、立派な看板までかけてあっても、まだ会社ではありません。

2　まず発起人が定款を作る
　株式会社を起こして仕事をしようという人は、自分が発起人になって、まず定款を作ります。定款は会社の憲法のようなもので、次のようなことを決めます。
(1)　会社の目的（具体的事業内容）
(2)　商号（○○株式会社という名前）
(3)　株式事項（発行総数、種類など）
(4)　本店の所在地
(5)　発起人の氏名・住所・その他
　定款が確定し、株式を引き受けてくれる人がきまり、出資払込みもすむと、創立総会を開きます。そこで発起人から会社創立の報告があり、取締役、監査役が選ばれると、いよいよ、設立登記をしてめでたく株式会社が誕生するという段取りです。

103 株主総会はどこで開くの

Q 6月28日に市内ホテルで株主総会を開こうとしたら、会場が取れませんでした。株主総会は、いつどこで開いてもいいのですか。

Answer Point

株主総会は、決算日から3か月以内に開かねばなりません。株主総会の招集地は、原則として会社の本店所在地かその隣接地です。

1 開催日は3か月以内で

Q98で説明したように、株主総会は、決算日（日本の会社では3月末日が多い）から3か月以内に開かねばなりません。もちろん準備ができたら、総会は1日でも早く開くほうが望ましいのです。

ただ、決算作業に時間がかかることと、他の会社と同日に株主総会を開きたいことが重なって、6月下旬の一定日に株主総会が集中してしまいます。大きな会社がいくつもあるような町ではホテルの会場の取り合いといったことまで起こります。

いずれにしても、3ヶ月を超えることは許されませんから、少しでも作業を早めて、他社より3日でも5日でも早く株主総会を開けるように工夫をすることをお勧めします。

非上場で、外部の株主を気にしないでもいい会社なら、決算作業と並行して総会準備も進め、4月中にでも総会を開けるはずです。

2 開催場所は本店のあるところで

学校の同窓会などでは、できるだけ人里離れた山奥の温泉宿などでというのが好評です。しかし会社の株主総会はそうはいきません。

商法のきまりで、総会の招集地は原則として、会社の本店所在地、またはその隣接地ということになっています。ここで「地」というのは、独立の最小行政区画をいいますから、せいぜい隣の「区」か「町」までということでしょう。

株主は九州に多いからといって、京都の会社が福岡で株主総会を開くとい

うのはだめです。また車も通らない交通不便の山の上で開こうというのもだめでしょう。とにかく、開催場所の問題で株主の総会出席権が制限されるような結果になると、株主総会無効のクレームがつきかねません。

やはり、全国どの株主にも平等に出席してもらえるように、本社近くに場所を設定すべきです。本社会議室か講堂で開催できたら会社側は準備や対応が容易になり大変便利です。

しかし、上場会社では株主数が5万人、10万人というのも珍しくありません。そんなに大勢の株主が全部出席というケースはまずありませんが、それでも何百人かの出席は予想して、会場は早い時期に確保すべきです。

3　電子総会になれば変わる

小学生でもケータイでやりとりする世の中です。株主と会社のコミュニケーションも遠からずeメールですむようになります。そうなれば、株主総会の形も中身も今とはうんと異なるものになるでしょう。

窮屈な条文で固められた現在の商法も、時代の移り変わりを反映して、新しい考え方が取り入れられるようになりました。

これから先、時間、場所に制約されない株主と会社間の双方向意思交流ができるようになれば、もっと株主総会は面白くなります。

みちくさ⑲

株主総会が変わった

平成14年6月に開かれた株主総会は"IT総会元年"と呼ばれている。

商法改正で可能になったeメール招集通知や、インターネット投票を早速取り入れ実行した会社が出てきたからだ。

招集通知には株主ごとに仮パスワードがついている。これを使って会社の「議決権行使専用ウェブサイト」にアクセスし、議案賛否に対する議決権行使をすることになっている。

今年トップを切って実施した会社は50社を超えた。実際に電子投票をした株主の数は、議決権行使株主数の2％程度で、まだ多いとはいえない。しかし、開催日分散、総会風景のネット公開なども合わせて、株主総会のあり方を変えようという方向に動き始めたことは確かだ。どれだけ変わるか楽しみである。

104 会社の名前(商号)って勝手につけてよいの

Q 当社は日本電機(株)です。つい先日、同じ市内に(株)日本電機という会社が名乗りをあげました。黙っているよりありませんか。

Answer Point

会社の名前を商法では商号といいます。設立登記のとき、この商号も登記しますが、いったん登記されると、同じ商号は他人が勝手に使うことはできません。

1　同じ町で、同じ名前は駄目

京都では、ある神社の参道の両側で、全く同じ味の餅を焼いて売っている店があります。右側は元祖あぶり餅で、左側は本家あぶり餅です。お互いの仲は良いのかどうか知りませんが、商売は、両店とも繁盛しています。

さて、会社の場合はどうでしょう。会社には、もちろん名前が必要です。商法では、商号といいますが、会社を作って登記するときには、商号も登記します。いったん登記されると、この商号は他の人が勝手に使ったりすることはできません。

たまたま、こちらの名前が山田太郎だから山田商店と名付けたくても、同じ市町村内にすでに山田商店を登記してある人がいて、同じ八百屋さんを開いていると、こちらの登記は認められません。先に名前をつけて商売を始めた人に優先権があるのです。

全く同じでなくても、類似商号といって、まぎらわしい商号を使うことも認められません。もし、そういう会社が同じ町内にできて、当社と競争になるような同じ営業を始めたら、相手にクレームをつけて商号を変えさせるか、損害賠償を請求することができます。

2　名前は買い取ることもできる

老舗(しにせ)で名前はよく知られているが、経営がまずくて今にもつぶれそうといった会社があります。こんなとき、その商売に自信のある人が、老舗の仕事を屋号もろとも買い取ってしまうことがあります。

この場合は、むしろ知名度のある屋号のほうに高い値段がつくのです。

105 現金出納過不足の処理は

Q 総務課が小口現金出納を担当しています。まれに、金庫の現金残が、出納帳と合わないことがあります。どう処理したらいいでしょう。

Answer Point

現金過不足が生じていたら、誤りは誤りとして表に出して経理処理します。そのうえで、次からの仕事の改善ができるように工夫しましょう。

1　間違いは表に出して処理する

　昔、銀行の窓口は間違いをしないものと思われていました。払い戻しを受けた客が、受け取った千円札が1枚多かったと返しに行ったら、支店長が出てきて「当行はそんな誤りはしません。お客様の勘違いでしょう」といわれたそうです。今の銀行にはそんな見識と自信はなさそうです。

　さて、普通一般の会社で日常の現金出納（出張旅費、事務用品、図書新聞など）を扱っていると、どうしてもときには出納ミスが起こります。定時後帳簿を締め切ってみると、金庫の中の現金残と合いません。現金のほうが多くて、余っていても、誤りは誤りです。

　出納帳と現金残が合わないときの原因には、次のようなことが考えられます。

(1)　現金の受け渡しを誤り、多く払ってしまった。
(2)　金庫のなかの現金を単純に数え誤っていた。
(3)　金庫に入っている小切手や手形の扱いを誤って数えた。
(4)　親睦クラブのお金を預かっていて、会社資金と混同した。もちろん、出納係個人のお金を金庫に一緒に入れておくような公私混同は厳禁。
(5)　伝票、領収書から、出納帳への転記を誤った。
(6)　出納帳の集計計算そのものが間違っていた。

　いずれにしても、こういうとき、適当に過不足を埋め合わせてしまってはだめです。きちんとその日の出納を調べ直したうえで、やはり現金過不足が生じているようなら、そのことを表に出して処理します。

(1)　現金不足のとき

（借）現金不足損　50　　　（貸）現金　50
(2)　現金過大のとき
　（借）現金　50　　　　　　（貸）現金過大益　50
　デパートのように出納業務が多いところでは、出納手当が別に出ていて、現金過不足はこの手当の範囲で埋めることもあります。しかしこの場合でも、誤りのあったことは記録に残して、次の仕事への反省に役立てるようにすべきです。
　ただ、手当資金が出納課全体にプールされるのではなく、課員一人ひとりに毎月定額で渡されるようだと、給与の一部になりますから要注意です。

2　間違いの元を断つ

　現金出納誤りの原因には、上にあげたように、単なるお金勘定のミスもあり、伝票の計算違いもあります。こういうミスは気持ちをしっかり持って、ていねいに仕事をすればかなり防げます。一番よくないのは、締切時間を過ぎてからの出金があったり、出金伝票はあとでもってくるからと言われて、お金だけ先に口頭依頼で出したり、社長や部長から「急ぐので、今すぐちょっとだけ」と仮払いしたりすることです。
　現金出納をきっちり手順書どおりにやると、きっと周りから「会計は本当に融通が利かない。石頭だ」と非難されます。しかし、そんなことにひるんではいけません。現金出納の確かさが、ひいては会社全体のお金の流れをしっかりさせることにつながるのです。
　現金出納一つを正しく処理できないでいて、会社経理の全体が適正に働くはずがないのです。
　ミスはどんなところにもどんな人にも生じます。大切なのは、そのミスを恥しがって隠したりしないことです。現金出納に誤りがあったらそれを表に出して処理することで、次の仕事の改善ができるように工夫しましょう。

みちくさ⑳
経理は芸術である

　経営の諸活動を、数字という絵具を使って目に見える形に表す。企業の本態に迫り、本質を開示して、見る人の決断を助ける。こういう経理は芸術に近い。
　言い過ぎだろうか。

106 リースと自前購入はどちらが有利

Q パソコンも運搬用具もリースで使っています。自前で購入して使うのとどちらが有利でしょうか。

Answer Point

リースすることで、設備の早期償却ができることになります。また、長期視点に立って、自己調達とリース利用を比較することが大事です。

1 とりあえず、いますぐの資金が不要

新鋭の設備機械から、応接室のソファーにいたるまで、たいていのものはリースで手に入る時代です。自分のお金を出して買う代わりに、他人が買った物を借りるのがリースですから、一番のメリットはまとまった購入資金を心配しないですむことです。

銀行に頭を下げて回り、いろいろ面倒な書類を作ってやっとお金を貸してもらわなくてもいいのです。もちろん月々のリース料は払わなければなりません。

リース料＝減価償却費＋金利＋税金＋諸経費＋利益

つまり、減価償却費や資金コストなどリース物件自体の費用に、相手リース会社の運営費用と利益までがのっています。それでもなお、自社購入をすることで借金が重荷となって残るよりはいいと判断するからリースが盛んに利用されるのでしょう。

2 短期の変化に対応できる

自社購入の設備は、原則として税法耐用年数で償却します。技術革新が早くて、3年も経てば時代遅れになりそうな電子機器でも、7年で償却ということになります。経営の要望に添って、早目に償却すれば有税を覚悟しなければなりません。

ところが、リースのほうは相手との取引契約ですから、短い期間のリースにすることもできます。もちろん、その分リース料は高くなりますが、取引として合理的に計算されたリース料なら、支払い分はすべて経費になります。つまり、リースすることで、結果的には設備の早期償却ができるということ

です。

3　自前の投資もいいところがある

　十分に社内留保があり、手元資金に余裕がある会社なら、あえて他からリースしなくてもいいでしょう。リースで、わざわざ他社の費用と利益まで負担することはありません。自社の資産に計上して、経営実態にあった償却方法を選ぶことができます。資産管理（修繕、償却、資産計上など）の手間はかかりますが、それだけ自分のものとして大事にする体制もできます。

　確かに、それだけの資金投入が必要ですが、逆に考えたら、経営にとって大事な資金管理、キャッシュフローを真剣に検討することにつながります。リースの利用はややもすると、各部門で安易に流れやすいという欠点があります。月々の負担が少ないので、リース物件を利用することについ判断が甘くなってしまうのです。

　また、リース費用は損益計算のなかで、一般的賃借料と同じに扱われてしまうことがあります。この点、製品の原価計算をする場合に、本来のコストを形成する償却費はどれだけかを検討し直す必要もあります。

　さらに、建物のような固定資産を資金的理由からファイナンスリースしている場合、自社の貸借対照表を分析するときに、固定資産区分にリース建物の時価評価額を含めて考えることが正しいということもあります。

　こういう点も考慮すると、単に便利だからリース利用するのではなく、少し長期視点に立ったプラス・マイナスで、自己資金とリースを比較することが大事です。

みちくさ㉑
コーヒー1杯の原価

　ある大学のゼミ生が、面白い調査をした。小さい喫茶店のブレンドコーヒーの原価が1杯137円というのである。材料費、人件費、諸経費込みの実際原価である。その店で客に出すときの売値は400円。

　同じコーヒーをホテルのロビーで飲むと、1,000円になる。これはどうしてだろう。もしかしたら、私たちが喫茶店で買うのはコーヒーではなく、その場所の時間と空気なのかもしれない。

107 修繕費と資本的支出の意味・その処理は

Q 工場の外壁が10年も経って汚れがきついので塗りかえました。費用が100万円かかりましたが、会計処理はどうしたらいいですか。

Answer Point

　費用をかけた対象物の性能や価値が上がったり、寿命が延びるような場合は、修繕費ではなく、資本的支出で資産計上になります。

1　値打ちが上がったら資産にプラス

　美容整形というのが流行っています。細い目をパッチリした二重まぶたにするとか、いささか低い鼻をクレオパトラのように盛り上げるといった技術です。これで見違えるような美人になったとしても、かかった費用を健康保険でまかなうことはできません。病気を治したのではないからです。

　会社の仕事でも、車のタイヤを替えたり、機械の油さしをしたり、屋根の雨もれを防いだり、いろいろの手入れ費用がかかります。このとき、車や、機械を元の状態に戻すだけの費用であれば、それは修繕費として経費処理することができます。

　しかし、機械に全く新しい部品がついて、生産能力が2倍になったとか、トタン屋根を瓦ぶきの丈夫な屋根にして、建物が長持ちするようになったという場合は別です。もとの状態より値打ちが増えた、寿命が延びたというとき、かかった費用は「資本的支出」といって、機械や建物の資産簿価に加えねばなりません。修繕費として、そのときの損益計算に落としてしまうことはできないのです。ただ、手を加えたことによって、実際にものの値打ちが増えたのかどうかの判断は難しいことが多いので、次のような形式基準で修繕費を処理することもあります。

2　60万円未満か、原価の10％以下なら修繕費

　1件の修繕費用が20万円未満だったり、3年に1回は修繕が必要というものは、はじめから修繕費で処理できます。それを超えるものは、費用投入が対象物の値打ちを本当に上げるようなものだったかの実質判定をします。そ

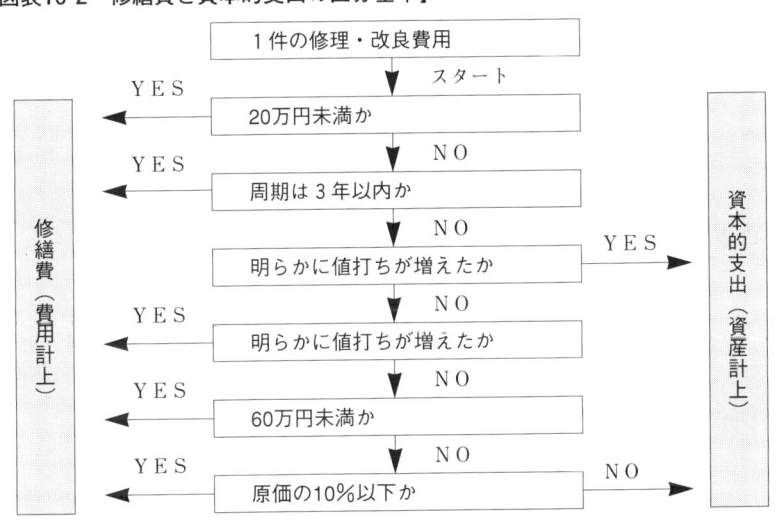

【図表10-2 修繕費と資本的支出の区分基準】

```
                    1件の修理・改良費用
                           ↓       スタート
         YES ←── 20万円未満か
                           ↓ NO
         YES ←── 周期は3年以内か
                           ↓ NO
                    明らかに値打ちが増えたか ──YES──→
                           ↓ NO
         YES ←── 明らかに値打ちが増えたか
                           ↓ NO
         YES ←── 60万円未満か
                           ↓ NO
         YES ←── 原価の10%以下か ──NO──→
```

（左側）修繕費（費用計上）　（右側）資本的支出（資産計上）

れでもなお判定のつきにくいものは、改めて、60万円未満か、対象物件の簿価の10％以下かという形式基準をあてはめてみます。

図表10-2に判定のフローチャートをあげました。これに従って、それぞれの段階でＹＥＳ、ＮＯを判断し、投入費用の会計処理をします。

修繕費で処理できたら、それだけ今期の利益が減り、税金も少なくなります。反対に資本的支出と判定したら、いったん固定資産に計上したうえ、耐用年数に従って減価償却の手順を通ることになります。

3　こういうものは資本的支出

例えば、次のようなものは、原則として資本的支出となります。
(1) 建物の外側に避難階段を取りつけた。
(2) 空いた社員寮を模様替えして、材料倉庫に使うことにした。
(3) 機械部品を品質、性能の高いものと取り替えた。
(4) 台風で割れた硝子を入れ直したり、水で濡れた機械を研磨したりの費用ぐらいまでは修繕費。

災害で倒れた倉庫を取り払って作り直したら、新しく固定資産を取得したことになる。なお、災害復旧費のうち30％は修繕費、70％は資本的支出とする処理もあります。

108 経費の前払い・未払いの処理は

Q 3月決算の会社ですが、1月に今年1年分の家賃120万円を払いました。決算時に何か処理が必要ですか。

Answer Point

まだ残っている9か月分の利用権利は、前払家賃として、貸借対照表に計上します。日常的なもので、金額も小さいものは、支出時点の費用として処理するのが、一般的な経理のやり方です。

1 期間に生じた収益と費用を対応させる

食べるばかりで寝ていたら肥ります。ジョギングに励んで何も食べなければ、栄養失調です。身体の健康状態をはかるには、同時期のカロリー入出がバランスしていなければなりません。

会社の成績をみるときに、今期の収益(売上、受取利息など)とそれを得るために使った費用(原価、経費、支払利息など)が丁度対応していないと、期間の損益計算にズレが生じます。

いろいろな管理費、販売費も、その支出が今期の経営活動と結びつき、結果として収益を生みだしてはじめて今期の損益計算に組み入れることになります。もちろんなかには、広告宣伝費のように、実際に費用が使われたあと、じわじわと効果が出てくるものがあります。支出時点より2期もあとになってはじめて売上高増大にきいてきたということもあるでしょう。しかし、こういうものは、よほど金額が大きくなければ、割り切って支出時点の費用にして構いません。

2 期間で配分できるものは前払い・未払い

質問にあった家賃は、時間経過で支払われる費用です。契約によっては、向う1年分を先にまとめて払うことがあります。この場合、契約期間中の3月末日現在では、まだ4月～12月の9か月間事務所を使う権利(資産)が残っています。当期の使用済家賃は1月～3月までの3か月間だけです。ですから、契約期間中に決算期がくると、経理は次のような処理をして、費用配

分を修正します。

 1/10（借方）家賃　　1,200,000　（貸方）当座預金　1,200,000
 3/31（借方）前払家賃　900,000　（貸方）家賃　　　　900,000

つまり、残った9か月分の使用権利は、前払家賃として、貸借対照表に載せるのです。（図表10-3）

もし、家賃が後払いになっていたらどうでしょう。3月決算の時点で、すでに3か月事務所を使って仕事をしたのですから、その分の家賃は今期の費用として実質発生ずみです。そこで、まだ払っていなくても、損益対応の経理処理だけはすませます。

 3/31（借方）家賃　300,000　（貸方）未払家賃　300,000

未払家賃は、家主に借金が残っているという意味で、貸借対照表の「負債の部」に計上します。

こういうことは、家賃のほかに、火災保険料、雑誌定期購読料、支払利息などいろいろな費用処理で生じます。また、費用側だけでなく、収益側でも、家賃収入、受取利息などで、前受収益、未収収益という勘定が発生しますから、それぞれに応じた期間配分の処理が必要になります。

【図表10-3】

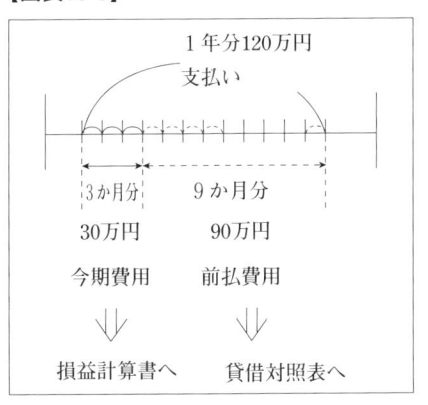

```
         1年分120万円
            支払い
  ┌─────────────────┐
  ├─┬─┬─┼─┬─┬─┬─┬─┬─┬─┬─┬─┤
  └─────┘└─────────────────┘
   3か月分      9か月分
   30万円       90万円
   今期費用     前払費用
     ⇓           ⇓
  損益計算書へ  貸借対照表へ
```

3　繰り返し発生するもの・少額のものは配分省略

家賃でも保険料でも、毎年同じように繰り返して発生するものは、決算期でいちいち配分し直しをせず、1年分を支払った時点の費用にしてお終いというやり方があります。未払・前払処理をしてもしなくても、結果的に1年分120万円が今期の損益計算に入るからです。

事務用の紙・鉛筆なども期末にまだ使っていないものが棚にあれば、貯蔵品として計上し、事務用品費の未使用額を次期に回すのが原則です。しかし、こういう日常的なもので、金額も小さいものは、購入した時点の費用として処理するのが、実務的な経理のやり方です。

109 印紙税の消印がないと無効なの

Q A社から貰ってきた代金10万円の受領書に収入印紙が貼っていません。無効だから返してこいと経理に叱られました。本当に無効ですか。

Answer Point

　　領収書や契約書などを作った人は、収入印紙（税金になる）を貼って押印か署名で消印をしておかなければなりません。ただし、印紙を貼っていないのは、税金忘れであって、10万円の受領書自体は有効です。

1　受領書自体は有効ですか

　土地の売買契約書、約束手形、代金受領書などを作ったときには、それぞれの取引の金額に応じて印紙税という税金を納めることになっています。この税金は、収入印紙と呼ばれているものを役所や郵便局で買ってきて、作られた書類（契約書や受領書など）に貼ることで払ったことになります。

　ただ、郵便物の切手に日付スタンプが押してあるように、印紙を貼ったら、文書を作った人は、押印か署名で印紙に消印をしなければなりません。これは、印紙をはがして別の所にもう一度使おう（脱税と同じ結果になる）という不心得者を防ぐためでしょう。しかし、印紙を買って貼ることは、単に税金を納めるかどうかということですから、文書の内容である売買契約、代金受領といった行為事実には関係ありません。つまり、印紙を貼っていないのは、税金忘れであって、10万円の受領書自体は有効です。

2　貼り忘れには罰則がある

　税務署が調査にきたとき、契約書などをみて印紙が貼ってあるかチェックすることがあります。このとき、きめられた金額の印紙を貼っていないと、納税もれで罰則が課せられます。とくに、受領書では、作成者（ここではA社）が納税もれということになり、先方の会社あてに税務署から罰金の通知が行きます。これでは取引先に申し訳ないので、注意して印紙の貼り忘れがないようにしてください。万一そういうことがあれば、とりあえずこちらで印紙を貼って、代わりに署名で消印をしておきます。

110 簿記はもう無用の長物なの

Q 会社で決算書を作るのは、放っておいてもコンピュータが全部やってくれます。もう経理の仕事に簿記の知識はいらなくなったのでしょうか。

Answer Point

　確かに簿記を知らなくても、決算書は作れます。しかし、会社実態にあった決算書をつくり、それを活かして使うためには、ベースとしての簿記は必要です。

1　生きたデータをインプットする

　経理の職場に行ってみると、あるのは経理課員の机上に開かれたパソコンだけです。旅費精算でも、オンラインでキーをワンタッチすれば経理処理はすみます。あとはCPUが勝手に仕分け、分類、集計をして、規則どおりの決算書を作成し、数値分析表まで吐き出してくれるのです。

　ここまでできたら、かつての簿記の知識が働く余地は全くないようにも思えます。しかし、ほんとうにそうでしょうか。

　もともと経理の仕事は、会社のいろいろの働き（売る、作る、考えるetc）を数字におきかえて、会社実態を決算書に表すことです。その置きかえのところで、経理そのものの見方・考え方が結果を左右します。

　そして、経理の「見方・考え方」の基礎にしっかりあるのが、いまでも変わらぬ簿記の知識なのです。会社の生きた姿を反映するデータを選んでインプットしようと思ったら、まず簿記の知恵を働かせることが必要です。会計ソフトは、入力されたものを手早く処理できますが、その前段階の「自分で考えて処理する」ことができないのです。

2　アウトプットを活かして使う

　決算書をみて、「今月の純利益は少ないな」ぐらいのことは誰でもいえます。大事なことは、そこから一歩進んで会社の姿を読みとることです。

　売上の商品構成は、在庫棚卸は、発生経費は、そういういろいろのことに考えが及んで、問題点を探り出し、すぐに次の対策が立てられるようになるためにはやはり「簿記」の素養が身についていなければなりません。

著者紹介

陣川　公平（じんかわ　こうへい）

1930年（昭和5年）中国瀋陽（旧奉天市）に生まれる。1959年京都大学経済学部卒業後、立石電機（現オムロン）株式会社に入社、主に企画、経理、財務畑を歩く。
元オムロン㈱副会長、京都大学非常勤講師、公認会計士、税理士。
主な著書に「経理がわかる事典」「考える経理」「勘定科目処理マニュアル」（以上、日本実業出版社）「よくわかる会社経理」「会社経理なるほどゼミナール」（以上、ＰＨＰ研究所）などがある。

聞きたいことがスラスラわかる経理の本

2002年8月2日　初版発行

著　者　陣川　公平　Ⓒ Kohei Jinkawa

発行人　森　忠順

発行所　株式会社セルバ出版
　　　　〒113-0034
　　　　東京都文京区湯島1丁目12番6号 高関ビル3Ａ
　　　　TEL 03(5812)1178　FAX 03(5812)1188

発　売　株式会社創英社／三省堂書店
　　　　〒101-0051
　　　　東京都千代田区神田神保町1丁目1番地
　　　　TEL 03(3291)2295　FAX 03(3292)7687

印刷・製本所　株式会社平河工業社

●乱丁・落丁の場合はお取り替えいたします。著作権法により無断転載、複製は禁止されています。
●本の内容に関する質問はFAXでお願いします。

Printed in JAPAN
ISBN4-901380-10-9